SER UN BUEN PADRE

FÁCIL✓ MENTE

Carl de Miranda

terapias**verdes**

El autor

Carl de Miranda, casado y padre de cuatro hijos, es consultor, conferenciante y autor de diversas obras sobre gestión de la energía personal y paternidad consciente.

Del mismo autor:

Reducir el efecto de las ondas electromagnéticas fácilmente,
Terapias Verdes, 2017.

Gracias a Amma – Mata Amritanandamayi,
Gracias a Arnaud Desjardins,
Gracias a Lee Lozowick,

Gracias a Natacha y a nuestros hijos.

Me llamo...

....

....

y me comprometo a...

....

....

....

....

....

ÍNDICE

Introducción

¡Futuro papá, nuevo papá, flamante papá, un precioso capítulo de la vida se abre ante ti!

¡Qué suerte tiene tu hijo de contar con un papá que desea
comprender y conocer mejor su papel de padre! ¡Qué suerte
tienen tu pareja y tu familia recién creada de que trates de
informarte sobre esta maravillosa misión de padre que la vida
te confía! ¡Qué suerte tienes tú también, porque ser padre te
aportará muchas cosas!

**Como vas a descubrir por ti mismo, estás a punto de abrir
el cofre de un tesoro. El papel de padre y el de madre
pueden conduciros hacia una vida plena y realizada, profunda y vasta, que aporte felicidad a todos los miembros
de vuestra familia, y más allá del ámbito familiar.**

Por ahora, seguro que te haces muchas preguntas… ¿Cómo
te las arreglarás para desempeñar lo mejor posible tu papel
de padre? ¿Cuáles son las cosas fundamentales que debes
saber? Quizás también experimentes una mezcla de entusiasmo y aprensión ante esta nueva vida que se te presenta
con la llegada de tu hijo.

No te preocupes. Este libro te ayudará, responderá a tus
preguntas, te dará buenos consejos para el día a día y te
guiará para que tu nueva vida de padre sea armoniosa y
plena.

Desde luego, es un acierto que quieras saber más, porque **la sociedad moderna, por lo general, no concede la suficiente importancia al papel de los padres.** Los nuevos padres se encuentran abandonados a su suerte, sin referencias para orientarse, y al final abordan esta nueva función sin ser realmente conscientes del inmenso potencial que esconde. Tendrás que abrirte camino solo para preparar en la práctica la llegada de tu hijo y también, de manera más general, para adquirir los conocimientos necesarios, así como para desarrollar una visión y una conciencia más profundas del papel de los padres. Precisamente ese el objetivo de este libro.

La primera parte permite **comprender qué es un papá y cómo podemos mejorar en el desempeño de ese papel, cada uno a su manera.**

La segunda parte detalla **las diferentes etapas de la vida de un papá,** desde el embarazo hasta los primeros años del hijo. Encontrarás **consejos prácticos y trucos para avanzar con serenidad, así como para fundar una familia feliz y llena de amor.**

¡Vas a ser un buen papá fácilmente!

COMPRENDER EL PAPEL DE PADRE

CAPÍTULO 1

SER PADRES

En el mundo actual, llevamos a menudo un intenso ritmo de vida. Trabajo, facturas, relación de pareja, vida social, ocio, salidas, proyectos… Con todas estas cosas, ¿qué lugar vas a conceder a tus hijos?

Los hijos: nuestra gran contribución a la vida

Tomemos perspectiva. Supón que tienes más edad, que los años han pasado, que te has jubilado y contemplas tu vida hasta entonces. ¿Qué elemento destacará y brillará dentro de ese conjunto? Para la gran mayoría de nosotros, los hijos representan el elemento fundamental que destaca en esa contemplación. A muchos de nosotros, lo que nos llena el corazón de felicidad es pensar en nuestros hijos, en la manera en que hemos contribuido a que sean seres plenos, así como contemplar el futuro que continúa con ellos y con lo que hemos sembrado en ellos.

¿Por qué los hijos representan una gran oportunidad para encaminarnos hacia una vida más feliz?

El mundo del mañana será el de nuestros hijos, el de los hijos de nuestros hijos, y así sucesivamente. Es obvio que las buenas orientaciones que les proporcionemos contribuirán a forjar el futuro. Sin mirar tan lejos, se puede comprobar fácilmente que la vida de familia tiene un importante papel en la felicidad de todos sus miembros.

Todo lo que hacemos para que nuestros hijos se realicen contribuye a crear un círculo virtuoso de felicidad dentro de nuestra familia, que trasciende también hacia el exterior. Por lo tanto, educar hijos felices y plenos puede aportar mucha felicidad, que se propagará más allá de estos hijos.

Los hijos son moldeables

Si el hecho de ser padre esconde un inmenso potencial de felicidad, ello se debe, sobre todo, a que los hijos son particularmente moldeables. **Son como un material bruto que moldeamos con el fin de hacerlo apto para una vida plena y feliz.**

Imagínate que se confía a diferentes personas una pequeña parcela de tierra a cada una, con todas las semillas y los útiles necesarios para cultivarla. Se trata de una tierra blanda, fértil y virgen. Esa parcela puede convertirse en un terreno baldío si no le prestamos atención o en un magnífico espacio de cultivo y naturaleza, que produzca frutas y verduras, esplendoroso para todos los que se beneficien de él.

Al igual que esa parcela de tierra, un hijo que la vida nos confía posee un inmenso potencial, y nosotros, como padres, somos las personas que más podemos contribuir a que ese potencial se haga realidad. Debido a que son moldeables, los hijos son muy sensibles a la influencia de lo que les ofrecemos como padres.

Una oportunidad y una responsabilidad

Seguramente empiezas a darte cuenta de que ser padre es una inmensa oportunidad y también una gran responsabilidad. Vas a contribuir a la creación del mundo.

Si el papel de padre te asusta por la responsabilidad que implica, no te preocupes; lo más importante es que, poco a poco, te desenvuelvas lo mejor que puedas en esta aventura.

No existe ninguna obligación de alcanzar un ideal ni de conseguir un resultado, solo hay que ser consciente de la importancia del reto y luego hacerlo lo mejor posible, sin olvidarnos de disfrutar al máximo de la aventura.

Se puede aprender a ser padre

Estudiamos durante años para formarnos en una profesión, nos pasamos unos veinte años de nuestra vida en los pupitres, pero cuando se trata de realizar una de las funciones esenciales de nuestra vida, la de ser padres, apenas recibimos formación. En las antiguas culturas tradicionales, se transmitía todo un conjunto de conocimientos a los futuros padres, que recibían el consejo y el acompañamiento de la comunidad. En la actualidad, los futuros padres están abandonados a su propia suerte, en medio de una gran confusión, sin puntos de referencia. La principal preocupación de muchos consiste en saber quién cuidará de sus hijos en su lugar cuando ellos estén en el trabajo.

Si estás leyendo este libro, vas por el buen camino para asumir tu papel de padre y para descubrir una información valiosa que te ayudará a construir un hogar feliz, con hijos realizados.

A continuación se incluyen una serie de recomendaciones para guiarte en tu formación de padre.

Lee libros sobre el tema

Hay muchas obras de calidad que preparan para el papel de padres, de padre y de madre. Échales un vistazo, hojéalas y elige unas cuantas. En estas obras descubrirás mucha información práctica y concreta, y también te ayudarán a desarrollar tu visión del papel de padre, así como de la relación padre-hijo.

El primer regalo que puedes hacer a tu hijo, antes incluso de que nazca, es concentrar tu atención y tu interés por su llegada en informarte.

Si tu hijo ha nacido ya, también será estupendo que sigas informándote.

Como sin duda descubrirás, hay muchos enfoques diferentes sobre las cuestiones relacionadas con la paternidad. Enseguida te darás cuenta de que se puede leer una cosa y la contraria sobre un mismo tema. Esta confusión refleja la falta de conciencia sobre la paternidad que hay en nuestra sociedad, la pérdida de referencias que mencionábamos antes y que permite la existencia de muchos discursos contradictorios que siembran el desconcierto. Es evidente que cada uno de nosotros está sometido a ciertas ataduras y las decisiones de uno pueden diferir respecto a las de otro, pero si actuamos intentando aplicar un enfoque profundo, consciente y meditado, cada uno tomará la mejor decisión posible.

TRUCOS Y ESTRATEGIAS

Para ayudarte a distinguir la información y las obras de calidad sobre la paternidad, puedes buscar y experimentar sobre estos aspectos:

- El amor a los hijos y a la vida, así como la benevolencia.

- La hondura de la visión que no reduce al hijo a un simple cuerpo que es preciso cuidar, sino que lo considera un ser mucho más profundo.

- La trayectoria del autor y su madurez en contacto con la vida.

Navegar por Internet

Si navegas por Internet, encontrarás **blogs y páginas web sobre la paternidad, algunos incluso dedicados a los papás primerizos, que son una prueba de que los padres buscan cada vez más una paternidad consciente.** Sin embargo, recuerda que puedes encontrar bastantes discursos contradictorios: Internet es, de un modo particular, un medio de expresión para todas las opiniones. Conserva cierta perspectiva con relación a lo que leas, quédate con lo que te parezca adecuado, dales una oportunidad a las ideas nuevas para ti y avanza con inteligencia y cautela. Debes informarte, pero también debes filtrar la información que recibes.

Adopta un enfoque consciente y meditado

No digas: «Si todo el mundo lo hace así, será lo correcto y lo que funciona».

La verdad es que la importancia que se concede a los hijos, en particular cuando son pequeños, está ampliamente subestimada en nuestro mundo moderno. Hay muchas prácticas inadecuadas para los hijos que están muy extendidas. En esta obra podrás ver la diferencia que existe entre un enfoque consciente y las prácticas corrientes.

No repitas mecánicamente los esquemas de tu infancia

No te limites a actuar igual que tus padres ni a seguir sus consejos.

¿Te han educado según una tradición contrastada desde hace siglos, impregnada de sabiduría y experiencia? En su defecto, ¿tus padres se formaron para desempeñar su papel y adquirieron una profunda conciencia de este antes de recibirte como hijo? Si respondes afirmativamente a cualquiera de las dos preguntas anteriores, tienes suerte, porque eso no ha sido lo habitual en las últimas décadas. Dicho esto, aunque seas uno de los afortunados, **el mundo moderno evoluciona tan deprisa en lo referente al entorno y a la vida diaria que no puedes limitarte a repetir mecánicamente la educación que has recibido.**

De este modo, sobre todo si has respondido afirmativamente a cualquiera de las dos preguntas formuladas antes, puedes, por supuesto, sacar alguna enseñanza de tu infancia, pero necesitarás desarrollar tu propia visión de la paternidad y no limitarte a reproducir mecánicamente los esquemas aplicados por tus padres.

Asimismo, si por cualquier razón has tenido una mala experiencia en tu infancia, procura no oponerte por sistema al esquema de entonces. Ni la repetición ciega ni la oposición compulsiva conducen a una visión consciente y profunda, la única que proporcionará la felicidad que deseas para tu familia.

No prescindas de los consejos que puedan darte tus padres, recíbelos simplemente con discernimiento y perspectiva.

Cuando educamos a los hijos, nos educamos nosotros mismos

¿Hoy, en tu situación actual, crees que eres profundamente dichoso, que tu vida está llena de amor y felicidad? Si la respuesta es afirmativa, estupendo, eres una *rara avis*. Si, como la inmensa mayoría de nosotros, crees que podrías ser más dichoso, disfrutar de una felicidad más estable y sentir más amor en tu corazón, entonces estarás encantado de saber que el hecho de ser padre constituye una maravillosa oportunidad para evolucionar interiormente y caminar hacia la felicidad.

Las religiones y muchas tradiciones espirituales consideran el hecho de fundar una familia como un camino espiritual en sí mismo, un camino de transformación interior que puede conducir, si se practica con dedicación y entrega, a la más alta realización espiritual, al amor incondicional, a la felicidad y la paz duraderas...

Educar a los hijos es encontrarse con la Vida, ver cómo se despliega ante ti encarnada en tus hijos, interactuar con ella, y también ver cómo se revela en ti a medida que actúas y creces como padre.

Educar a los hijos también es marcarse una línea directriz que supera los pequeños hábitos, las comodidades y los límites con los que vivimos hasta ahora. Asimismo, es vivir una aventura con tu pareja, que te permite traspasar tus límites para dar espacio al otro. Todos estos elementos contribuyen a que crezcamos y nos eduquemos nosotros mismos.

La particularidad de este camino de crecimiento es que está inundado de amor. A lo largo de la ruta, se experimenta el amor que un padre siente por su pequeño. Este amor incondicional y fundamental emerge de lo más profundo de nuestro ser. Para muchos de nosotros, vivir este amor es un descubrimiento maravilloso que ilumina nuestra concepción de la Vida. De este modo, el camino de crecimiento interior de los padres es un hermoso y maravilloso camino que merece la pena recorrer.

Mamá y papá: dos roles complementarios

Durante el embarazo, es evidente que **se desarrolla un vínculo muy particular entre la madre y el hijo,** el bebé que habita en su mismo cuerpo. El bebé y la mamá comparten mucho a nivel de cuerpo físico, pero también comparten una enormidad a niveles más sutiles: emocional, energético, etc.

El bebé se impregna de la estructura de la madre que lo lleva en su seno. Esta estructura es el universo del bebé durante la gestación. A medida que esta avanza, el ser del bebé se conforma cada vez más, emerge de sus profundidades en contacto con el universo que experimenta en el vientre de su madre. Solo hay unidad, no hay ningún sentido de separación entre él y su madre, todo es una misma cosa. Al final del embarazo, el bebé sale de este universo original para nacer al mundo exterior. De forma rápida e instintiva, el bebé busca mamar de los senos de su madre y recuperar así el estado de fusión que conocía unos minutos antes. Sobre el vientre de su madre, deleitándose con el líquido que mana de su pecho, el bebé llega tranquilamente entre nosotros.

La unión madre-bebé

Ten todo esto en cuenta, imagina lo que ha vivido el bebé durante el embarazo y lo que representa el nacimiento para él. ¿No es evidente y de sentido común que existe un vínculo fundamental que une al hijo con la madre y que es esencial efectuar una transición suave y progresiva entre el estado anterior al nacimiento y el nuevo estado en el exterior? **La suavidad y la flexibilidad de esta transición son un dato esencial para permitir al bebé adoptar este nuevo mundo y realizarse en él.**

Para ilustrar esta idea, algunos pediatras hablan de los tres primeros meses del bebé después de su nacimiento como del «cuarto» trimestre, como una continuidad de los tres trimestres de embarazo. Pero este acompañamiento, esta transición suave, tardará años en realidad y se prolongará, atenuándose progresivamente, hasta el día en que el hijo se haya convertido de verdad en un ser adulto y autónomo.

Estos son los datos de la naturaleza: el bebé crece en el vientre de su madre y desarrolla con ella un vínculo fundamental durante el embarazo, que se prolonga después del nacimiento, como ilustra la lactancia.

Si contemplamos este proceso en profundidad, podemos entender que la relación fundamental con la madre permite al hijo integrarse en una continuidad segura, desde que se forma en el vientre materno hasta que alcanza la madurez.

De la unión al vínculo madre-hijo

Dentro de la continuidad de la unión que se establece entre el hijo y la madre durante el embarazo, la madre representa para el hijo su origen, su refugio, su vínculo con la profundidad de la que ha emergido. Ella es para él la paz, la seguridad, la tranquilidad, la unidad y la plenitud. A partir de estos cimientos, de esta base, el hijo crece y ocupa su lugar en el mundo. Durante la gestación y la primera infancia, la madre desempeña un papel fundamental de seguridad y confianza. Su presencia tranquilizadora y reconfortante, así como la forma en que responde a las necesidades del hijo, condicionan en gran medida la confianza del hijo en sí mismo y en la vida.

Entonces, ¿cuál es el lugar del papá?

Este es un libro que trata sobre «ser papá», y resulta que hemos hablado mucho de la mamá… Aquí tenemos un primer dato: **no se puede realmente ser un buen papá si no se comprende lo que es una mamá.** Es imprescindible tomar conciencia de la base fundamental que representa el vínculo natural entre el hijo y la madre para comprender el papel esencial que desempeña el padre.

Por lo tanto, ha llegado la hora de abordar lo que nos lleva a compartir este momento juntos: el papel del papá.

En primer lugar, el papá también puede desarrollar un profundo vínculo con el bebé, desde el embarazo y cuando el hijo es muy pequeño, así como representar un refugio seguro para el hijo. Ahora bien, **la aventura de la vida, el crecimiento de un hijo, consiste igualmente en emprender poco a poco un movimiento hacia el mundo**, al encuentro con el mundo, para ocupar su lugar y participar en él. El papá es la persona por excelencia que puede acompañar al hijo en este encuentro con el mundo (véase el capítulo 6).

Para educar a un hijo, es preciso conservar su conexión con la tranquilidad y la paz profunda, pero también acompañarlo en su encuentro con el mundo y su diversidad. Como un árbol que necesita a la vez de raíces profundas y estables que lo alimenten y de una parte externa que se alza hacia el cielo en contacto con el mundo.

Salir al mundo con unas buenas raíces

En la medida de lo posible, e incluso aunque se produzcan cambios radicales como puede ser el nacimiento, debemos integrar el crecimiento del hijo en una continuidad desde el origen del que ha emergido hasta la edad adulta.

Un hijo que crece descubriendo el mundo, acompañado y guiado por sus padres, sintiendo al mismo tiempo que la paz y la unidad se encuentran accesibles y disponibles, sale a la vida bajo una buena estrella. A partir de esta visión se establece el papel de padre.

En primer lugar, **el papá debe permitir que el bebé viva un periodo apacible de unión con la mamá,** durante el embarazo y cuando es muy pequeño. ¿Te parece anticuado? ¿Arcaico? En realidad, es puro sentido común que se deduce de la observación básica de la vida y del proceso de creación de los seres humanos. Cuando se ven las cosas tal como son, nos damos cuenta de que el papel del padre durante este periodo es extraordinario. El padre actúa por el bien de la madre y del bebé, por el bien del mundo. Es una oportunidad única para obrar en pro de una vida más feliz.

Poco a poco, a medida que el bebé emerge de su unión con la madre, **el padre lo acompaña en el mundo, junto con la madre.** Abordaremos este tema con detalle más adelante.

Un reparto de roles flexible

Antes hemos expuesto una visión relativamente simplificada de los roles del papá y la mamá, según las atribuciones de la naturaleza. Sin embargo, **existen muchas posibilidades de adaptar el reparto de roles a la vez que se respetan las necesidades del hijo.** Por ejemplo —e incluso es deseable—, el padre puede ser también para el hijo un medio para conectar con la paz y la tranquilidad. A medida que se forjan los vínculos entre el bebé y el papá, y el bebé percibe una unidad entre sus padres, **el papá puede convertirse también en una fuente de paz y tranquilidad.**

En algunas familias, la madre puede tener un temperamento más dinámico, mientras que el padre aspira a desempeñar un papel más tranquilo con los hijos. Este reparto de roles puede funcionar siempre que el hijo reciba los dos elementos necesarios para su crecimiento: el acceso a la tranquilidad reconfortante y el acompañamiento en su encuentro con el mundo.

Si se respeta la continuidad y existe una transición progresiva entre los roles que ejercen la madre y el padre, puede funcionar. Pero la situación de partida es innegable: el primer vínculo fundamental es el que se establece entre la madre y el hijo.

Los retos que se plantean

Uno de los grandes retos que esperan a los futuros y a los nuevos padres es ofrecer a su hijo una conexión profunda con la paz y la tranquilidad que ha conocido durante la gestación y de las que ha emergido.

¿Cómo rodear a la madre de un entorno protector durante el embarazo para que su vida interior no se vea demasiado alterada? ¿Cómo procurar que el bebé mantenga ese vínculo fundamental con su madre después de nacer, para que salga al mundo sin perder la continuidad con la paz y la seguridad? **El padre tiene un papel muy importante al respecto, y veremos cómo puede asumir ese reto. Su segundo desafío consistirá en encontrar la disponibilidad y la calidad de presencia necesarias para acompañar a sus hijos en su encuentro con el mundo.**

Por último, este mundo moderno, tecnológico e industrial es complejo y genera toda clase de contaminaciones, de las que debemos ser conscientes para proteger a nuestros hijos. El padre puede desempeñar un importante papel en ese sentido (véase el capítulo 3).

EN RESUMEN

- **Nuestros hijos representan una gran oportunidad para vivir una vida más feliz.**

- Como padres, tenemos muchas posibilidades de contribuir a su realización personal.

- Para ser realmente padres, **tenemos que adquirir determinados conocimientos y desarrollar una visión más profunda.** No podemos limitarnos a hacer lo mismo que todo el mundo ni a reproducir esquemas educativos. Debemos asumir nuestro rol de padres.

- **Cuando somos padres, crecemos y nos realizamos nosotros mismos.**

- Un hijo necesita paz y tranquilidad, que pueden ofrecérselas la madre primero y luego el padre, así como un acompañamiento en su encuentro con el mundo.

CAPÍTULO 2

CLAVES PARA SER UN BUEN PAPÁ

La buena noticia es que hay claves y buenas disposiciones para desempeñar lo mejor posible el papel de padre. ¿Estás dispuesto a descubrirlas fácilmente?

Estar dispuesto a transformarse como ser humano

Imagina a un alumno de sexto de primaria que se dispone a entrar en el instituto de secundaria. En sexto de primaria formaba parte de los mayores y pensaba que controlaba la situación. Si comienza primero de secundaria con la misma idea, se llevará una gran decepción cuando descubra que forma parte de los más pequeños del centro. Cuando somos padres, volvemos al instituto de la vida. Si pensamos que somos unos adultos que han alcanzado la madurez y que ahora, como padres, vamos a transmitir nuestros conocimientos a nuestros hijos igual que un profesor a sus alumnos, podemos chocarnos contra grandes dificultades, contra un muro incluso.

Ser padres es una nueva etapa de la vida que nos conduce a la transformación de nuestro ser. Abordémosla con humildad y entusiasmo.

Si somos flexibles y abiertos, si estamos dispuestos a cambiar y transformarnos, no solo nos dotamos de los medios para adquirir nuevos conocimientos, sino que desarrollamos también una actitud que nos permitirá gestionar mejor las dificultades y las vicisitudes que surgirán sin duda.

Si tenemos una personalidad rígida, fija y estática, nos enfrentaremos a dificultades con nuestros hijos, con nuestra pareja y con la vida en general. Hasta las personas más sabias, más maduras y que aportan a los demás lo mejor que tienen se muestran siempre humildes y dispuestas a adaptarse a las circunstancias que la vida les presenta.

¡RECUERDA QUE...

Un ser en proceso supera mejor las dificultades

Seguro que eres consciente de que muchas parejas se separan y muchas familias se rompen, incluso cuando los hijos son todavía pequeños. Uno de los motivos principales de estas rupturas es la falta de flexibilidad, la ausencia de capacidad para adaptarnos los unos a los otros, para aceptar las dificultades y las vicisitudes con el fin de superarlas mejor. Si recordamos siempre que un padre es un ser en proceso nos concedemos más oportunidades para construir una familia unida y estable.

Cualidades universales que debemos cultivar

Ser padre no es una competición en la que habría que hacerlo lo mejor posible y obtener los mejores resultados.

La existencia de cada padre es única y tiene sus raíces en su historia personal y su trayectoria de vida. Cada padre expresará unas cualidades: hay tantas formas de ser un buen papá como maneras de preparar una buena comida a los hijos. Dicho esto, existen algunas líneas directrices para todos los papás. Retomando las mil y una formas de preparar la comida de los hijos, estarás de acuerdo en que un plato demasiado salado o picante no será adecuado para ellos, en que alimentarlos a base de dulces todos los días planteará también un problema, etc. De la misma manera, existen claramente unos ejes fundamentales que delimitan el territorio de la expresión libre y propia de cada papá.

¿Cuáles son las cualidades universales que permiten desempeñar correctamente el papel de padre? No te preocupes, la idea no es poseer determinada cualidad de manera exagerada, sino de contar con un mínimo de esa cualidad para que el hijo no tenga lagunas. Volviendo al ejemplo de la comida, no es necesario dar el toque perfecto de sal a cada plato para cocinar bien en casa; lo importante es saber que hay que echar un poco de sal, sin pasarnos.

Saber comunicarse

Acoger y educar a un hijo es cuestión de relación, contacto, intercambio y comunicación. La comunicación con nuestra pareja es un aspecto de la cuestión. Vais a vivir juntos una gran aventura, llena de sorpresas, vicisitudes y peripecias, donde no faltarán los reveses y los esfuerzos, ni tampoco la fascinación.

Aprender a comunicarse bien con la pareja es importante. Es necesario ser capaz de compartir los propios sentimientos y de acoger lo que tu pareja tiene en el corazón. Es necesario expresarse y escuchar.

■ Si debes mejorar la forma que tienes de expresarte, lánzate, atrévete a hacerlo, aunque te sientas un poco torpe: solo lo lograrás con la práctica.

■ Si debes mejorar tu capacidad de escucha, presta atención a tu pareja, a lo que le interesa, tómate el tiempo de escucharla y dialogar con ella.

■ En caso de desacuerdo, aprende a comunicarte con serenidad, no te encierres en ti mismo ni tampoco te dejes llevar por tus emociones y opiniones: expresa tus puntos de vista, identifica los aspectos concretos en los que hay desacuerdo, ten en cuenta los datos objetivos para aclarar la situación y, si después de comunicaros el desacuerdo persiste, encontrad un término medio entre vosotros. Aprende a no obstinarte en tu punto de vista, pero tampoco cedas sistemáticamente ante el de tu pareja. Tarde o temprano, si no buscáis un término medio, respetuoso con cada uno de vosotros, las tensiones se irán acumulando. La trayectoria vital de la pareja debe tener en cuenta a cada uno de sus miembros.

Asimismo, debes comunicarte y dialogar con tus hijos, expresarte y escucharlos. Amar a los hijos es una cosa, pero saber comunicarte con ellos y compartir tu amor es algo también esencial.

No permitas que una dificultad de comunicación te impida compartir tu amor con tus hijos. Ábrete a ellos, toma la iniciativa, presta atención a lo que les interesa y, de forma espontánea, surgirá la comunicación.

Aprender a relajarse

La mayoría de los padres trabajan y soportan distintas presiones y causas de estrés en el ámbito profesional. De manera más general, un padre de familia puede tener que afrontar toda clase de dificultades económicas, de vivienda, de salud familiar, etc. Sin embargo, cuando volvemos a casa debemos intentar relajarnos para ofrecer a nuestros hijos y a nuestra pareja una presencia abierta y disponible, en lugar de un montón de tensiones y estrés.

La calidad de tu presencia en casa es un elemento fundamental para tu familia.

Tanto si tu pareja está embarazada como si ya ha nacido el bebé, ambos perciben tu estado de ánimo y este tiñe su universo. Un papá sonriente y relajado en casa aporta mucho bienestar a los suyos.

Ya sabemos que la vida moderna suele ser estresante y que no es fácil liberarse de la tensión cuando volvemos a casa. Debes ser hábil y poner en práctica algún tipo de estrategia para mejorar en este aspecto.

TRUCOS Y ESTRATEGIAS

Para relajarse antes de volver a casa

En el trabajo, al final de tu jornada laboral, realiza las tareas menos estresantes: ordenar, preparar con tranquilidad el día siguiente… No programes ninguna cita ni trabajes en ningún proyecto importante. Reserva las mañanas para el trabajo estresante y que requiera toda tu atención.

En cuanto salgas del trabajo y te dirijas a casa para encontrarte con los tuyos, proponte no pensar en ningún asunto laboral. Seguramente no será fácil, pero formula esta intención: no es el momento de pensar en el trabajo, sino de relajarse para llegar tranquilo a casa. Si hay pensamientos que te alteran sistemáticamente y te impiden relajarte:

- Intenta seguir los movimientos de tu respiración, apóyate en ella para centrar tu atención.

- Siente cómo se hincha tu abdomen cada vez que inspiras y como se relaja cada vez que espiras, una y otra vez. Intenta mantener tu atención en contacto con este movimiento cíclico.

■ Cada vez que te invadan los pensamientos, vuelve a tu respiración. Si practicas este ejercicio con regularidad, en el coche o en el transporte público, por ejemplo, progresarás notablemente. Los pensamientos acapararán menos tu atención y llegarás a relajarte. Centrándote en tu respiración, volverás al instante presente.

Ten muy en cuenta lo que acabamos de decir, porque es casi imposible relajarse nada más cruzar el umbral de la vivienda si no has iniciado el proceso de relajación antes y no te has preparado para llegar a casa.

También puedes prever un momento de transición entre la salida del trabajo y la llegada a casa. Durante ese momento de transición puedes caminar un rato, por la naturaleza si es posible, o correr si te sienta bien y tienes tiempo. Identifica lo que te ayuda a relajarte y a desconectar de los pensamientos que se arremolinan en tu cabeza.

Asimismo, durante ese momento, **recuerda la importancia de estar relajado en casa,** recuerda que todos los esfuerzos que haces en el trabajo son, en buena medida, para satisfacer las necesidades de tu familia, para que tus hijos crezcan felices y plenos. Así comprenderás que llegar tenso a casa está en contra de tu objetivo porque afecta de manera negativa a tu familia.

Por la noche, al acostarte, analiza si has conseguido relajarte en casa y, si te das cuenta de que podrías haberlo hecho mejor, proponte intentarlo al día siguiente.

Si piensas que necesitas ayuda para relajarte, puedes, por ejemplo, acudir a un sofrólogo que te enseñará a hacerlo.

Gracias a la relajación, te abrirás al instante presente, en el que viven tus hijos. Entonces podrás descubrir el placer de jugar y reír con ellos. Esto les hace muy felices: un papá que, de vez en cuando, juega y se ríe con ellos. Si notas que tu pareja está demasiado tensa en casa, ayúdala a relajarse, comparte con ella la importancia de estar relajados para vuestros hijos.

Controlar la ira

La ira es la emoción que experimentamos cuando queremos cambiar o combatir algo.

Si sabemos dominarla, si aprendemos a domarla como se aprende a domar un caballo, entonces podremos explotar la energía que aparece en nosotros cuando nos enfrentamos a algo que deseamos cambiar. **Si no sabemos controlar nuestra ira, seremos como un caballo de rodeo fuera de control: podemos hacer daño a las personas que nos rodean y a nosotros mismos.**

Existen dos dificultades fundamentales con respecto a la ira: la primera es el hecho de que nuestra incapacidad para dominarla permite que nos desborde y que, por ejemplo, la dirijamos hacia los demás de manera descontrolada, con el riesgo de deteriorar la relación con nuestra pareja y con nuestros hijos. La segunda dificultad es la represión de la emoción, que bloquea la energía y nos impide afrontar y superar los problemas, así como los conflictos. Estos dos aspectos son problemáticos: el primero plantea problemas inmediatos, pero el segundo los provocará a largo plazo.

TRUCOS Y ESTRATEGIAS

Si tienes tendencia a dejarte llevar por la ira

- **Reduce al mínimo las palabras que pronuncias cuando estás enfadado y retírate a otro lugar.** Por ejemplo, puedes decir: «No estoy contento con esto» y nada más. Luego, sal de la habitación o aíslate. Ya sea con tu pareja, con tus hijos o con un tercero, tienes derecho a expresar tu descontento, pero quédate ahí. Considera como algo vital, de gran importancia, abandonar la escena y abstraerte de la situación presente.

- **Una vez que hayas conseguido aislarte:** lo ideal es caminar por la naturaleza, entre los árboles, pero aislarte en una habitación te sentará igualmente bien. En este caso, ventila la estancia. Quítate la ropa que te dé calor. Tómate el tiempo de respirar profundamente, concéntrate en tu respiración como se indica en la página 32.

- **Cuando hayas recuperado un poco la calma, sin salir de tu aislamiento, examina la situación que ha provocado tu ira** y plantéate en frío si consideras necesario expresar de nuevo tu descontento. En caso afirmativo, hazlo explicando los hechos que no te han gustado, habla de hechos y comportamientos pero no juzgues a las personas, ya sea a tu pareja o a tus hijos, y expresa tu deseo de evitar o reducir las posibilidades de que eso se vuelva producir en el futuro.

Si tienes tendencia a reprimir la ira

Ha sucedido algo que te ha sentado mal. Ya sea por parte de tu pareja o de tus hijos, algo te ha «ofendido» o «molestado» y te has controlado sin decir nada.

Si te sientes así, empieza por decir, simplemente: «Esto no me ha gustado». Hacerlo será dar un gran paso. Con tu pareja o con tus hijos, no te guardes sistemáticamente tus sentimientos negativos, deja al menos salir un «esto no me gusta». A continuación, según las circunstancias, encontrarás la manera de expresar adecuadamente tu demanda. Atrévete a expresarte.

Por la noche, antes de dormir, repasa los momentos del día en los que has sentido que no te has situado bien en relación con la ira: demasiado arrebato o demasiada represión. Examínalos y motívate para el día siguiente. Date cuenta de que no se trata de no enfadarte nunca. De vez en cuando, una ira a tiempo y controlada puede aportar cosas buenas y provocar cambios, incluido el comportamiento de tus hijos.

Si dominas tu ira y su expresión, si no le das libre curso, evitarás el deterioro de tu vida familiar. Es una cualidad muy valiosa.

Cultivar la paciencia

Quieres que las cosas sucedan según tus deseos, pero eso no siempre es así, o no ocurre de manera inmediata. Entonces, ¿cómo gestionar la tensión que corresponde a ese deseo? ¿Sabrás relajarte o te dejarás desbordar por la insatisfacción, que puede manifestarse incluso en forma de ira? Tu pareja no responde a lo que esperas de ella, cuando le has expresado tu deseo previamente, ¿qué vas a hacer?

La paciencia, la capacidad de relajarse en una situación de frustración, te ayudará mucho. **Respira, relájate, deja que la energía de la tensión circule en ti y, si es necesario, encuentra la manera de expresar una vez más a tu pareja tu necesidad o tu demanda.**

EJEMPLO

Cuando tu hijo no consigue hacer algo o no hace correctamente lo que le has pedido, aunque lo intenta, ¿cómo te sitúas? **Debes controlar tu impaciencia.**

No te imaginas lo que puede sentir un hijo cuando uno de sus padres se enfada con él porque no logra hacer algo o porque no comprende una cosa. Es legítimo acompañar a un hijo en sus progresos, enseñarle el camino, lo que debería hacer, con firmeza si es necesario. ■■■

En cambio, debería estar prohibido hacer sentir a un hijo que, en ese momento, nos enfadamos porque él fracasa. Somos nosotros los que hemos de adaptarnos a él. Si un hijo se esfuerza, si intenta hacerlo bien, le resultará hiriente sentir que no lo aceptamos tal como es, aunque eso solo dure un instante. Como padre, **entrénate en practicar la paciencia.**

Trabajar la perseverancia

Si tienes tendencia a tirar la toalla cuando las cosas se ponen difíciles o se complican, será necesario que lo trabajes. Acoger a un bebé y educarlo es un camino lleno de retos, en el que las cosas no suelen ocurrir como hemos previsto. Nos sentimos cuestionados en nuestros métodos, no siempre tenemos el éxito que deseamos.

> *Nuestros hijos necesitan que seamos perseverantes, que lo intentemos con energía tantas veces como sea posible, hasta que consigamos encontrar soluciones a los problemas que surjan.*

Nuestro objetivo es hacerlo lo mejor posible para que nuestros hijos crezcan y se realicen. Ante cada dificultad, ante cada fracaso, debemos reunir toda nuestra energía, levantarnos y seguir adelante.

La perseverancia no es sinónimo de obstinación, tenemos que saber adaptar con flexibilidad nuestra estrategia para conseguir nuestros fines. También tenemos que saber reconocer las circunstancias que nos vienen impuestas, ante las que no podemos hacer nada, y, simplemente, amoldarnos, ajustarnos a ellas, actuando siempre lo mejor que podamos.

Ser una persona fiable

Un hijo debe poder contar con papá, confiar en él. Como sin duda sabrás, la confianza se gana con el tiempo, pero se puede perder en un instante. Sé una persona digna de confianza. No mientas a tu pareja.

No mientas a tus hijos, cumple las promesas que les hagas, demuestra que otorgas una gran importancia a la palabra dada.

Si por tu comportamiento pierdes la confianza de tu hijo, se tambalearán los cimientos de su confianza en sus padres y en la vida. Esto puede provocarle una angustia y una aflicción profundas.

No prometas nada a tus hijos si existe el riesgo de que no vayas a poder cumplir lo prometido. Es mejor decir, sencillamente, que harás todo lo que puedas para conseguirlo. Si eres consciente de que tienes tendencia a deformar la realidad a tu conveniencia o a ocultarla, esfuérzate por evitar esta actitud, al menos con tu familia.

Es necesario un poco de organización

Este es otro aspecto de la fiabilidad: si tienes tendencia a la confusión, a ser un poco desorganizado, no precisamente puntual…, entonces tu pareja y tus hijos valorarán mucho tus esfuerzos por organizarte mejor. Los papeles ordenados en casa, las citas apuntadas en la agenda, etc.

Cuando no tenías hijos quizás pudieras convivir con la falta de organización, pero, al ser papá, tienes más responsabilidades. Una cartilla sanitaria perdida entre los papeles de la casa, tu hijo triste porque has llegado tarde a recogerle del colegio y se ha quedado el último… Un poco de organización evitará muchas contrariedades y reforzará la confianza en el seno de tu familia.

Por último, ser una persona fiable no significa ser infalible. Puedes cometer errores de buena fe, no hay ningún problema en reconocerlo incluso ante tus hijos, explicándoles que, aun con las mejores intenciones, podemos equivocarnos de vez en cuando, pero a continuación tenemos que hacer todo lo posible por corregir las consecuencias.

De la disponibilidad

Aunque quieras a tus hijos y poseas las buenas cualidades que acabamos de mencionar, es necesario encontrar la manera de estar a su lado para que reciban realmente tu afecto.

El papel de un padre no consiste únicamente en ir a trabajar y ganar suficiente dinero para satisfacer las necesidades de la familia. Si sales de casa antes de que tus hijos se hayan levantado y vuelves por la noche, cuando ya están acostados, si necesitas el fin de semana para recuperarte porque tu trabajo te deja sin energía, entonces te pierdes muchas cosas de tus hijos, desgraciadamente.

Hay lugares en el mundo donde los padres no pueden elegir realmente y tienen que vivir así. No hace mucho tiempo que, en los países occidentales, los hombres debían trabajar en condiciones difíciles para que su familia saliera adelante. Era así la vida. Hoy, al menos en la sociedad occidental, con un poco de preparación y organización, es posible acoger y educar a los hijos estando relativamente presentes. Puede que esto requiera encontrar un equilibrio entre los deseos materiales, las aspiraciones profesionales y sociales y la vida familiar.

Cuando tomamos perspectiva y nos damos cuenta de la importancia de una vida de familia feliz, de la importancia de contribuir a la realización de nuestros hijos, comprendemos que es sensato e inteligente organizar la propia existencia de manera que los hijos tengan un lugar fundamental, así como el tiempo que les dedicamos.

Reservar un tiempo a nuestros hijos y nuestra familia debe ser una de nuestras principales prioridades.

Cómo prever el tiempo disponible para tus hijos

Es un aspecto decisivo que debes estudiar con tu pareja. En cuanto se concreta el proyecto de tener un hijo, es preciso reflexionar sobre el tiempo que vas a dedicarle.

■ Cuando nace el hijo, durante las primeras semanas suele ser necesaria la presencia de ambos progenitores para recuperarse del parto e instalarse en la nueva configuración que resulta de la existencia del bebé. Después, el padre, por lo general, vuelve al trabajo y lo ideal es que la madre pueda quedarse con el pequeño. Más adelante abordaremos la delicada cuestión del periodo durante el cual la madre podrá permanecer con su hijo para mimarlo y educarlo, sin tener que ir a trabajar. Pero quedémonos con la idea de que la primera infancia, hasta que el hijo sabe andar y hablar —por lo general, sobre los dos o tres años—, es el periodo en que más necesita la presencia de sus padres, en particular de su madre. Cuanto más sepas sobre este periodo de la vida, más consciente serás de su importancia.

■ Después, cuando el hijo sabe andar y hablar, puede pasar tiempo con otros niños e ir al parvulario. Naturalmente, los padres tendrán más disponibilidad porque el hijo está ocupado en el centro escolar.

■ Durante el periodo de educación infantil y primaria, el hijo aún necesita mucho a sus padres fuera de la jornada lectiva y las actividades extraescolares.

■ Poco a poco, durante la primaria y, sobre todo, en el instituto, el hijo entablará una vida social y estará ocupado con sus relaciones con otros niños, lo que repercute en una menor necesidad de disponibilidad de los padres. Sin embargo, hasta la mayoría de edad y, por lo general, hasta un poco después, es importante que un hijo sienta la disponibilidad por parte de sus padres. Lo ideal es que cada día, más o menos, un hijo tuviera la posibilidad de conversar con su padre y con su madre y, en caso de necesidad, de pasar un poco más de tiempo con uno de ellos.

Tu disponibilidad es un tesoro para tu hijo. Recuerda que durante los primeros años, hasta que sepa andar y hablar, es cuando más te necesita.

Piénsalo bien. A continuación abordaremos diferentes elementos relacionados con este tema tan importante, que te ayudarán a madurar tu reflexión.

De la energía y los esfuerzos

Como sabes, para conseguir resultados en la vida debemos esforzarnos y movilizar nuestra energía. Esto vale para los estudios, para la vida profesional, para instalarse en una vivienda adecuada y para construir una buena relación de pareja. Por supuesto, el hecho de ser padres no escapa a esta regla. Aunque debemos recordar que, en este ámbito, los esfuerzos se ven ampliamente recompensados y pueden proporcionarnos mucha felicidad. El caso es que algunos padres no miden la cantidad significativa de esfuerzos que requiere la llegada de un bebé.

En nuestra sociedad, donde se venera el placer y el confort, hay quien sueña que este pequeño ser le traerá una vida dulce, mullida y de color rosa. Por desgracia, es tal la desilusión que sufren algunos padres primerizos que su pareja no lo resiste. Se imaginan que, al romper la unidad familiar, ponen fin a los esfuerzos que la vida les demanda. No se dan cuenta de que, actuando de este modo, tendrán muchas más dificultades y menos felicidad al final.

Es fundamental emprender la aventura de la paternidad siendo conscientes de que requiere una gran implicación y que producirá muchos resultados positivos. Las primeras semanas con un bebé pueden ser, para algunos padres, las más exigentes que hayan conocido en su vida, en cuestión de esfuerzo, cansancio y falta de sueño. En conjunto, los primeros años de un hijo requieren de mucha energía por parte de los padres.

De este modo, un papá que está dispuesto a hacer los esfuerzos necesarios y a dedicar energía a su papel de padre tiene un buen talante. **Es importante organizar nuestra vida, especialmente en el ámbito profesional y social, de modo que dispongamos de energía para responder a las necesidades de nuestros hijos y de nuestra familia.** Por supuesto, es posible contar con todo tipo de ayuda, como veremos en el capítulo 3, pero no debemos caer en la facilidad de minimizar nuestros esfuerzos transfiriendo en exceso nuestra responsabilidad a la ayuda externa.

Todos los esfuerzos personales que hagamos por nuestros hijos quedan, de alguna manera, registrados por la vida, registrados por nuestros hijos, que perciben en profundidad la intensidad de nuestra dedicación y nuestro amor cuando nos ocupamos de ellos. Estos esfuerzos personales son la mejor manera de contribuir a la felicidad de nuestros hijos y de nuestra familia, así como a nuestra propia dicha. Después de desplegar nuestros esfuerzos, disfrutamos de la paz que produce el sentimiento del deber cumplido, de haber dado lo que teníamos que dar.

Gestionar mejor la energía sexual

Si deseas disponer de más fuerzas, no malgastes tu energía sexual. Quizás has oído hablar de algunos deportistas que procuran conservar su energía sexual antes de una competición importante. Muchas tradiciones de sabiduría insisten en la conveniencia de preservar el semen masculino y la energía sexual.

Las obras del instructor taoísta Mantak Chia pueden enseñarte muchas cosas sobre este tema (por ejemplo, *El hombre multiorgásmico: secretos sexuales que todo hombre debería conocer*, Editorial Neo Person, Madrid, 1997). Si derrochas menos energía sexual, tendrás más fuerzas para responder a los retos que acompañan a la llegada de un hijo y también más amor para tu pareja y para los que te rodean. Hay otro secreto que puedes descubrir: la energía sexual que no se malgasta puede convertirse en amor. Muchas parejas ven cómo disminuye con el tiempo la intensidad de su amor, entre otras razones, porque practican relaciones sexuales que les vacían de su energía, en particular, en el caso del hombre, mediante la eyaculación. Cuando el acto sexual se practica midiendo la energía, los miembros de la pareja acaban revitalizados, llenos de energía y amor. Se hacen bien el uno al otro y se aman mucho más. Toda la familia se beneficia de este amor.

En el camino de la madurez, ¿dónde me encuentro?

Vamos un poco más lejos. Con la lectura de este capítulo, te darás cuenta sin duda de que tu papel de padre no se limita a satisfacer las necesidades de tu hijo, sino que le transmites algo mucho más profundo y más amplio. Serás para él una referencia fundamental y una fuente de inspiración. Se nutrirá de tu forma de ser, tus características personales y tu energía.

De este modo, **en los comienzos de esta nueva etapa de tu vida que es la paternidad, es bueno que te mires a ti mismo y contemples dónde te encuentras interiormente.** Seguro que ya te has examinado para evaluar la presencia en ti de las cualidades expuestas en este capítulo. Ahora se incluyen unas preguntas que pueden ayudarte a profundizar en el conocimiento que tienes de ti mismo:

- *¿Soy capaz de frenar mi flujo de pensamientos, de separar mi atención de estos para centrarla en el instante presente? (¿Por qué hacerte esta pregunta? Sencillamente, porque tu hijo vive en el instante presente, y si quieres estar en contacto con él tienes que conseguir distanciarte de tus pensamientos de vez en cuando).*

- *¿Cómo me sitúo ante las emociones básicas, que son el miedo, la ira, la tristeza y la alegría? ¿Tengo tendencia a dejarme llevar por ellas o a reprimirlas? ¿Soy capaz de sentirlas, de acogerlas sin permitir que me desborden?*

- *¿Qué visión tengo de mi pasado y de mi infancia? ¿Aún conservo heridas de esa época? ¿Dónde me encuentro en la relación con mis propios padres?*

- ¿Tengo dependencias o adicciones: alcohol, tabaco u otras?

- ¿Veo dibujarse ante mí un camino de felicidad y crecimiento interior o, por el contrario, la vida me resulta confusa y caótica?

- ¿Qué es un ser humano para mí? ¿Qué sucede cuando muere el cuerpo físico?

- ¿Soy feliz alguna vez? ¿Qué es la felicidad para mí?

Al profundizar en el conocimiento de ti mismo y percibir con lucidez los aspectos que podrías trabajar para ganar en serenidad y madurez, **inicias un proceso positivo de evolución y perfeccionas la calidad de la presencia que vas a ofrecer a tu hijo.** No se trata de ser perfecto, sino de mejorar a partir de lo que eres por el bien de tu futuro hijo y de tu familia.

Mi pareja y yo

De la misma manera que puedes contemplarte con cierta perspectiva, es bueno que te tomes el tiempo de observar atentamente la pareja que formas con tu compañera. Juntos sois el equipo que va a acoger y educar a vuestro hijo.

Con la llegada de un hijo, os encontraréis de pronto situados en una nueva configuración, en un nuevo modo de relacionaros. Tendréis que actuar juntos y mirar juntos en la misma dirección, no solo miraros el uno al otro.

Lo que cuenta en esta nueva configuración es cómo vais a vivir juntos cada día, cómo vais a entenderos, compartir y afrontar las dificultades y los desacuerdos, cómo vais a construir juntos una vida de familia dentro del respeto mutuo, cómo va a desarrollarse y fortalecerse el amor entre vosotros y en vuestra familia. Por ello, aprended a conoceros, descubríos en profundidad e iniciad, si es posible, este proceso desde el momento en que os planteéis el proyecto de tener un hijo.

EN RESUMEN

- **Debes estar dispuesto a aprender, realizarte y transformarte como ser humano.**

- Cultiva estas cualidades que te ayudarán a desempeñar mejor tu papel de papá: la capacidad de comunicación; la capacidad de relajarte; la capacidad para controlar la ira, la paciencia, la perseverancia y la fiabilidad.

- Reflexiona sobre **la disponibilidad** que vas a ofrecer a tus hijos.

- Ser padre requiere **energía y esfuerzos,** pero la felicidad que procura los justifica ampliamente.

- Toma perspectiva con respecto a ti mismo e **intenta conocerte mejor.**

- Contempla tu pareja y su funcionamiento, avanzad juntos para formar un buen equipo.

CAPÍTULO 3

EXAMEN DE ALGUNAS CUESTIONES PRÁCTICAS

Veamos juntos algunos datos importantes sobre la situación, que influirán en la manera de acoger a ese hijo que la Vida se dispone a confiarte.

¿Cuál es mi entorno?

El bebé necesitará un sitio para vivir. En la naturaleza, es una de las funciones esenciales que realizan los animales: encontrar y, en su caso, acondicionar un entorno adecuado para sus crías. Y nosotros los humanos no nos libramos de esta obligación. En el mundo moderno se nos ofrecen muchas posibilidades en materia de entorno y vivienda.

¿Cómo orientarse bien para ofrecer a nuestros hijos un entorno de vida saludable? A continuación, se indican algunas líneas directrices.

El contacto con la naturaleza

Como sabes, hay muy poca naturaleza en las ciudades modernas y se subestima demasiado los beneficios del contacto frecuente con ella. Si podemos ofrecer a nuestros hijos un entorno donde la naturaleza se encuentre presente, esto es sin duda una ventaja añadida. En su defecto, podemos pensar en la manera de procurar que nuestros hijos respiren regularmente aire puro, en la naturaleza, aunque vivan en un entorno muy urbano.

Un espacio de juego exterior, con árboles si es posible, también es una ventaja importante. Al aire libre, en contacto con el cielo y la tierra, los niños se encuentran en un entorno energético que les alimenta. Un suelo de tierra, piedras o hierba será más favorable que un suelo de asfalto o de cemento.

Cómo puede afectar el hábitat a los habitantes

A continuación, se abordan cuatro grandes campos sobre los que puedes informarte y que reflejan por su parte un aspecto importante de la influencia que puede representar el hábitat en nuestra vida.

Las ondas electromagnéticas

Vivimos en un mundo tecnológico, donde no podemos sustraernos a esta influencia. Las ondas electromagnéticas de baja y de alta frecuencia, que cada vez están más presentes a nuestro alrededor, pueden ser peligrosas para la salud y el bienestar, en particular de los niños (véase *Reducir el efecto de las ondas electromagnéticas fácilmente*, del mismo autor). Con carácter general, limita al máximo la exposición de los niños a las ondas electromagnéticas: aparatos eléctricos, cableado, telefonía móvil, teléfono inalámbrico dentro de casa, wifi, etc. Y en el exterior, evita las líneas eléctricas de alta tensión o las antenas repetidoras próximas y orientadas hacia la vivienda.

Para limitar la exposición, elimina, si es posible, la fuente de las ondas. En caso de no poder hacerlo, mantente alejado de ella y reduce el tiempo de exposición.

El *feng shui*

Aunque esté de moda desde hace unas décadas, esta disciplina ancestral puede enseñarnos muchas cosas sobre la energía, sobre cómo circula, alimenta los lugares e interactúa con sus ocupantes. En algunas obras de inspiración moderna sobre el *feng shui* se aborda también la psicología del hábitat para explicar que todas las disposiciones, los estilos decorativos y los objetos que determinan nuestro entorno vital tienen un impacto psicológico en nosotros e influyen a diario en nuestra vida.

Contempla tu entorno, tu vivienda, cada una de sus habitaciones, como si estuvieran bañados de energía e intenta evaluar y apreciar esta energía. Sé como un niño inocente que ve las cosas con sencillez, tal como son, y siente lo que te inspira cada lugar que evalúes.

La geobiología

Es una disciplina también ancestral, poco conocida para el público en general, pero que puede ayudarte mucho. Estudia sobre todo las radiaciones telúricas que emite la Tierra y su influencia en los seres vivos: corrientes de agua subterráneas, fallas geológicas, etc. Las alteraciones geológicas pueden generar problemas más o menos graves. Conviene saber de su existencia y recurrir a un geobiólogo si es necesario para solucionar una situación problemática.

Los materiales

Los materiales que nos rodean son más o menos saludables, más o menos exigentes desde el punto de vista ecológico, como, por ejemplo, pinturas y revestimientos que emiten compuestos orgánicos volátiles (COV) y compuestos químicos. En general, desconfía de todo lo nuevo, de lo que esté recién pintado o fabricado. Al cabo de unos meses, el perjuicio suele atenuarse bastante.

Sobre estos cuatro campos, como padre de familia, conviene leer al menos un libro para despertar tu conciencia al respecto y contar con unos conocimientos básicos. Así podrás evitar diferentes perjuicios y optimizar tu vivienda.

No te tomes este tema a la ligera porque, sin una conciencia de las implicaciones, te puedes encontrar rápidamente con disposiciones problemáticas para un niño, en ocasiones, muy problemáticas. Lo mejor es que te informes de inmediato.

Un espacio de vida agradable

Vuestro hijo va a pasar mucho tiempo en la vivienda y vosotros con él. Es importante que os sintáis bien en casa, que estéis relajados. En particular, si la mamá va a dedicarse a su pequeño durante los primeros años, es inevitable que pase mucho tiempo con él en la vivienda.

Ya es un reto en nuestro mundo moderno organizar la vida para que la madre pueda dedicarse a su hijo. Si, además, la vivienda no es agradable, esto se añade a las dificultades que encontrará la mamá para quedarse con su bebé.

La cuestión del presupuesto

Este es un tema que merece tu atención.
Empecemos por ver juntos los gastos que implica la llegada
de un hijo, centrándonos en la primera infancia.

Primer elemento que debemos considerar: la vivienda

Como acabamos de ver, debéis elegir con sensatez vuestro
«nido» y hacerlo agradable para la vida diaria. La llegada de
un hijo quizás os obligue a buscar una vivienda con una habitación más. Con un bebé, la partida de vivienda puede supo-
ner el esfuerzo económico más importante. Por lo tanto,
debéis incluir este parámetro en vuestra reflexión.

Mobiliario

Es preciso señalar que la vivienda en sí puede ser relativamente cara en la actualidad, pero el mobiliario y la decoración
necesarios para un bebé no son forzosamente muy onerosos
si optas por elementos y materiales sencillos pero saludables. La cama, la cómoda con cambiador y, en su caso, la
cuna son las piezas fundamentales (calcula varios cientos de
euros en total, aunque el precio puede variar mucho según la
elección).

Las necesidades materiales del bebé

- Para la comida: unos cientos de euros serán suficientes para adquirir los productos de lactancia (cojín de lactancia, sacaleches, etc.), los biberones, el robot de cocina y la trona (a título indicativo, entre 200 y 500€ en total).
- Para el transporte: otros cientos de euros para el fular portabebés, el carrito, la silla de paseo y la silla para el coche.
- Algunos juguetes y peluches.

El coste mensual

Alimentación
Antes de la diversificación alimentaria (hasta los cinco o seis meses)

Si el bebe se alimenta con leche materna, solo te costará el exceso de comida que la madre deba ingerir para convertirla en leche. El gasto es mínimo.

En caso contrario, la leche infantil en polvo puede costar unos 100€ al mes.

Después de la diversificación alimentaria

Cuando el bebé continúa con la lactancia, el coste de su alimentación no supera los 100€ si tu pareja y tú preparáis una parte de la comida, lo cual es muy recomendable, como comentaremos de nuevo más adelante.

Sin lactancia, entre la leche infantil y la comida, el presupuesto asciende a unos 200€ al mes.

Higiene

Si optas por pañales desechables tradicionales y añades productos de higiene (toallitas y otros), el presupuesto mensual del primer año podría oscilar entre los 50 y los 70 €.
En la medida de lo posible, utiliza productos biológicos e hipoalergénicos. También podéis usar pañales lavables, con el consiguiente ahorro en el presupuesto. Este tipo de pañales presenta ventajas e inconvenientes con respecto a los desechables. Te puedes informar sobre este tema en Internet, por ejemplo.

Ropa

En la actualidad se puede encontrar ropa de calidad a precios muy asequibles. También se puede adquirir ropa confeccionada con tejidos biológicos, pero si es necesario establecer unas prioridades en cuestión de presupuesto, lo más importante será la alimentación bio y luego los productos de higiene. Unos 100 € al mes permitirán cubrir las necesidades de ropa para el bebé y el hogar.

Salud

Sobre este tema volveremos más adelante, pero podéis, como complemento a las revisiones que realiza el pediatra, llevar al bebé a un osteópata. Basta con dos o tres consultas al año, con un coste de unos 50 € por consulta, que en Francia pueden ser reembolsados por la mutua de salud. Pequeños gastos sin receta médica pueden representar también unos 10 € al mes.

EJEMPLO

Presupuesto total para el primer año

Las cifras siguientes son estimaciones aproximadas para que te hagas una idea general:

- Coste mínimo de equipamiento: 1.000 €.
- Coste mínimo total de alimentación, ropa, higiene y salud, con lactancia materna: 2.500 €.
- Coste mínimo total de alimentación, ropa, higiene y salud, sin lactancia materna: 3.500 €.
- Para el segundo año, se puede calcular un coste aproximado de 3.000 € como mínimo.

Hemos de señalar que la estimación anterior se refiere a la compra de productos nuevos y que se trata de dar una idea general sobre un presupuesto mínimo (véase el recuadro de la página 74 sobre el equipamiento de segunda mano).

Acabamos de indicar los gastos intrínsecamente relacionados con la llegada del bebé, que deberemos afrontar sea cual sea nuestra situación. A continuación veremos el caso particular de los gastos del cuidado del hijo, que saldrán de un segundo ingreso.

Los ingresos y las ayudas

Ayudas económicas

En la mayoría de los casos, recibiréis regalos para celebrar la llegada de vuestro hijo: equipamiento diverso, ropa, juguetes y peluches. Estos regalos pueden disminuir el gasto considerablemente, sobre todo en lo relativo al equipamiento.

En algunos países como Francia, los padres con ingresos inferiores a determinadas cuantías perciben una ayuda por el nacimiento de un hijo. La Caja de Prestaciones Familiares ofrece en concreto la prestación por nacimiento de hijo (PAJE según sus siglas en francés), que incluye una prima por nacimiento y una prestación mensual hasta que el niño cumpla los tres años. **La PAJE permite cubrir casi la totalidad del presupuesto que hemos mencionado antes en caso de lactancia, sobre todo durante el primer año.**

Permisos remunerados

Empecemos por el papá. En Francia y en muchos países, el padre puede disfrutar de unos días de permiso remunerado con ocasión del nacimiento del hijo.

Estas son las condiciones del permiso de paternidad en Francia para los trabajadores por cuenta ajena:

- Duración: 11 días naturales consecutivos (además de 3 días de permiso por nacimiento). Se disfrutan dentro de los cuatro meses siguientes al nacimiento.

- Tramitación: es preciso solicitarlo al empleador al menos un mes antes del comienzo del permiso.

- Importe: la cuantía diaria de la prestación depende del salario de los meses anteriores. En 2016 correspondía aproximadamente al 74% del salario bruto diario, con un límite máximo de unos 78 € netos al día, durante los 11 días.

Para la madre, las condiciones varían mucho según los países. Estas son las que se aplican en Francia al permiso de maternidad:

■ Duración en caso de nacimiento de un solo bebé que sea el primer hijo:16 semanas en total, de las cuales 6 se toman antes del parto y 10 después. Tres de las semanas prenatales se pueden disfrutar después del nacimiento del hijo.

■ Importe: la cuantía diaria de la prestación depende del salario de los meses anteriores. En 2016 correspondía aproximadamente al 74% del salario bruto diario, con un límite máximo de unos 78 € netos al día. Es posible que la empresa donde trabaje tu pareja ofrezca condiciones específicas mejores. Debes informarte al respecto.

¿SABÍAS QUE...

En caso de que la madre o el padre decidan dejar de trabajar al término de los permisos de maternidad o paternidad, en Francia pueden percibir, en determinadas condiciones, el «complemento de libre elección de actividad» (CLCA según sus siglas en francés) durante seis meses desde la finalización de dichos permisos por el nacimiento del primer hijo. Dicha prestación puede ascender a 566 € mensuales (incluyendo la PAJE que hemos mencionado antes). En el supuesto de familias con dos o más hijos, el CLCA se abona hasta que el último de ellos cumpla los tres años de edad.

Los ingresos del trabajo

Hemos evaluado los costes relacionados con la llegada de un hijo y las ayudas que podríais percibir. Ahora falta responder a la siguiente pregunta: **¿cuánto tiempo deseáis que uno de los dos progenitores se quede con el bebé sin volver a trabajar?** Por lo general, son las madres quienes retrasan su incorporación al trabajo para cuidar del hijo, pero los padres también pueden asumir esta función.

La tendencia general de nuestra sociedad es subestimar la importancia de que el papá o la mamá cuiden del hijo durante la primera infancia. Cuanto más se contempla la vida en perspectiva, más cuenta nos damos de la gran importancia que tiene para el bebé estar con su madre o con su padre. Hasta que posea autonomía suficiente para estar solo con otros niños, circunstancia que suele darse entre los dos y los tres años, la presencia casi continua de un progenitor a su lado es muy valiosa.

En este sentido, una idea muy extendida consiste en decir: «Sí, pero debemos ganar dos sueldos». En realidad, se puede aplicar una estrategia inteligente que permita pasar más tiempo con nuestro hijo sin necesidad de afrontar un paréntesis económico.

En la actualidad, muchas madres vuelven al trabajo apenas unos meses después del nacimiento de sus hijos. En este contexto, las personas que acompañan al niño hasta que cumple un año realizan una importante labor. En cuanto a las madres que cuidan de sus hijos hasta que cumplen dos o tres años, demuestran tener valor y fuerza de carácter para asumir este papel de ama de casa en una sociedad que solo valora a las mujeres que trabajan.

Las madres que acompañan a su hijo hasta que es autónomo realizan una labor muy valiosa para él y para toda la sociedad. Como padre, puedes apoyar a tu pareja si percibes en ella el deseo de quedarse con vuestro hijo más tiempo que los escasos meses que se han convertido en norma.

Cada semana más, cada mes más que se permanece junto al bebé es muy valioso.

De este modo, si habéis pensado incorporaros los dos al trabajo al cabo de dos meses, el hecho de ampliar este periodo hasta los seis meses ya es un logro. Si lo analizáis bien, os daréis cuenta de que se puede llegar hasta un año sin grandes dificultades económicas. Con un poco de organización, preparación y voluntad, la mayoría de las parejas pueden incluso prolongarlo hasta los dos o los tres años, es decir, hasta el momento de ir al colegio.

A continuación, os damos algunas pistas para vivir con **un solo ingreso durante un tiempo:**

Ahorrar dinero en previsión de este periodo

Si sabéis que iréis justos de dinero durante este periodo, empezad a ahorrar en cuanto sea posible. Algunos padres ahorran dinero para los estudios de sus hijos. Es aún más sensato ahorrar para que papá o mamá se pueda quedar en casa al cuidado del bebé.

Distinguir lo necesario de lo superfluo

Para lograr un equilibrio económico en este periodo con un solo ingreso, centraos en vuestras principales necesidades, en lo que es imprescindible, y no en lo superfluo. Cuando tengáis dos ingresos de nuevo, podréis, si es necesario, satisfacer algunos deseos más superficiales. Pero antes o durante este periodo, si los gastos superficiales (un buen coche, ropa bonita, decoración, salidas y restaurantes, viajes, aparatos tecnológicos, etc.) tienen como consecuencia que el padre o la madre no pueda quedarse al cuidado del bebé por falta de recursos económicos, entonces no hemos colocado las prioridades en el orden correcto.

Pedir un préstamo

A veces pedimos un crédito al consumo por importe de unos miles de euros para comprar muebles u otro tipo de equipamiento. Entonces, ¿por qué no pedir un préstamo para cuidar de vuestro bebé durante sus primeros años, que es cuando más os necesita? Una buena idea puede ser pedir prestados unos miles de euros a la familia, con el firme compromiso de devolvérselos en los próximos años. Los bancos ofrecen préstamos a estudiantes. Quizás un día ofrezcan préstamos por «paternidad», que permitan a uno de los dos progenitores quedarse en casa al cuidado del pequeño.

Teletrabajo y formación a distancia

Las primeras semanas son intensas y agotadoras, pero la madre irá recuperando poco a poco algo más de tiempo y disponibilidad. Un bebé duerme mucho, unas 18 horas al día durante los dos primeros meses y unas 14 o 15 hasta que cumple el primer año, incluyendo con frecuencia dos siestas al día. Si la madre lo desea, puede aprovechar estos periodos de sueño para realizar trabajo desde casa o para formarse a distancia con el fin de preparar el futuro.

Presupuesto para el cuidado del hijo con dos ingresos

A partir del momento en que habéis decidido incorporaros los dos al trabajo, si vuestro hijo aún no está en edad de ir al colegio, debéis elegir una modalidad de cuidado y pagar el coste correspondiente. Cuando hagáis los cálculos, si pasáis de uno a dos ingresos, veréis que el segundo ingreso neto es igual al importe ganado menos los gastos de cuidado del bebé, los impuestos que debéis pagar y las ayudas de las que disfrutaríais si no trabajaseis (el CLCA en particular, véase la página 60).

El presupuesto destinado al cuidado del hijo varía mucho en función de dos parámetros:

- Modalidad de cuidado: guardería, cuidadora en su propio domicilio, cuidadora en casa, etc.

- Los ingresos de la familia influyen en la tarifa de algunas modalidades, así como en la ayuda económica que se puede percibir (en Francia, el «complemento de libre elección de la modalidad de cuidado», gestionado por la Caja de Prestaciones Familiares, permite disfrutar de una ayuda).

Para hacer bien los cálculos, es preciso tener en cuenta las deducciones o desgravaciones fiscales que podréis aplicar y que varían en función de la modalidad de cuidado. Por ejemplo, una cuidadora a domicilio puede tener un coste bruto más importante, pero, en Francia, la bonificación fiscal corresponde a la que se concede por el empleo de un trabajador a domicilio, lo que puede resultar más interesante. Por lo tanto, informaos bien.

La elección de la modalidad de cuidado debe ser muy meditada a fin de que vuestro hijo disfrute del entorno más adecuado para él. Los aspectos más importantes que es preciso tener en cuenta son la calidad humana de las personas que vayan a cuidar de vuestro hijo y la calidad del entorno en el que se vaya a encontrar.

A continuación, hay que analizar el aspecto económico para identificar lo que costará cada mes, en función de los ingresos, así como de las ayudas y las ventajas fiscales que podríais obtener.

El coste mensual neto de una modalidad de cuidado a tiempo completo puede oscilar mucho: entre 100 y 1.000 € (una vez deducidas las ayudas y las ventajas fiscales). El coste depende considerablemente de los ingresos y de la modalidad de cuidado.

EN RESUMEN

- **Examina el entorno en el que va a crecer tu hijo:** ¿qué puedes hacer para ofrecerle un ambiente saludable?
- **Infórmate sobre el presupuesto:** los primeros años de un bebé no son particularmente costosos y existen ayudas económicas.
- Estudia vuestro presupuesto según vuestros ingresos, así como vuestra situación si uno de vosotros se queda en casa al cuidado del bebé.
- Estudia el presupuesto que necesitas según la modalidad de cuidado, en caso de que los dos progenitores trabajen.

2

CÓMO DESEMPEÑAR EL PAPEL DE PADRE LO MEJOR POSIBLE

CAPÍTULO 4

DURANTE EL EMBARAZO

En cuanto tu pareja se queda embarazada, eres padre. No pienses que tendrás que esperar al nacimiento del bebé para convertirte en papá. Tu hijo existe en el vientre de su madre y tú eres su padre. Asume tu nuevo papel de inmediato.

Una mamá embarazada

Desde el momento en que intentéis concebir un hijo y cuando estéis esperando la confirmación del embarazo, debes considerar a tu pareja como si estuviera encinta. Adopta un ritmo de vida tranquilo y apóyala para que evite todo tipo de sustancias nocivas como el alcohol, los medicamentos, el tabaco y las drogas. Cuando tengáis la confirmación del embarazo, os alegraréis de haber tomado esas precauciones, porque ya erais padres, aunque no tuvierais la certeza de ello.

■ **Durante el primer trimestre de embarazo** y, en algunos casos, también después, la madre puede presentar signos de fatiga y náuseas. Ella experimenta un intenso proceso de transformación debido al crecimiento de un bebé en su vientre.

■ **En el segundo trimestre** la madre vive generalmente un periodo más tranquilo, con menos molestias físicas, y conserva aún una buena movilidad.

■ **Finalmente, en el último trimestre,** el bebé ocupa cada vez mas espacio en el vientre materno y la movilidad resulta más difícil, el cuerpo de la madre se cansa más y puede sufrir dolores locales.

Un papá conciliador

Ante esto, como padre, puedes ayudar a la mamá haciendo lo posible por aliviar las dificultades con que se encuentre o estando presente y atento cuando lo pase mal, por ejemplo, si tiene náuseas.

Demuestra que estás disponible y a su servicio. Después de todo, solo se trata de un buen reparto de roles. Es más, no estás solo a su servicio, sino también al servicio del bebé. Todo lo que hagas para que la vida de tu pareja sea más agradable tendrá efectos positivos para él. **Cuanto más tranquila esté la mamá y más acompañada y ayudada por ti se sienta, más beneficioso será para el bebé.**

Como sin duda comprobarás, el embarazo es, a veces, una época feliz y maravillosa, pero también puede resultar, y eso depende de cada caso y cada mamá, un proceso exigente, agotador y difícil para ella. Algunas no se identifican en absoluto con la idea del embarazo como nueve meses de alegría.

Como papá, puedes acompañar a la mamá en este periodo escuchándola e intentando satisfacer sus

necesidades, así como ayudándole a relativizar las
molestias y las dificultades del embarazo, que son
seguramente pasajeras.

La mamá también puede experimentar emociones inusuales, cambios de humor, llantos repentinos o accesos de ira. Si todo esto se te viene encima porque estás por los alrededores, no reacciones mecánicamente, recuerda que el sistema hormonal y emocional de la madre pasa por toda clase de cambios en ese momento y que, por lo tanto, deberás adaptarte. Mantén una actitud conciliadora y acepta que tendrás que sufrir y acompañar algunas actitudes desacostumbradas por parte de tu pareja.

Un papá protector

El proceso que se desarrolla en el seno de la madre es sutil, delicado y complejo. El cuerpo del bebé se forma a partir de su entorno más inmediato, de los materiales y la energía presentes en el vientre materno. Todo el cuerpo de la madre está acaparado por este proceso. El padre, por su parte, puede sanear el entorno para proteger a la madre y al pequeño de perjuicios indeseables y ofrecer buenos ingredientes al proceso de creación en curso.

A continuación, se abordan distintos tipos de contaminación y de perjuicios indeseables que es preciso evitar a la mamá encinta. Señalamos también que habrá que evitar la exposición del bebé a estos tipos de contaminación cuando haya nacido.

■ *Contaminación de la comida:* opta por la alimentación biológica para que el bebé no se exponga a los pesticidas y a otros productos químicos indeseables. Infórmate sobre los alimentos que no son recomendables para una mujer embarazada; en particular, consúltalo con un médico.

■ *Contaminación del aire:* empieza por evaluar la calidad del aire de la zona donde se encuentra vuestra vivienda. En primer lugar, puedes obtener información general sobre tu zona geográfica en Internet. **En Francia, por ejemplo, la web www.atmo-france.org incluye a todas las asociaciones que vigilan la calidad del aire.** A continuación, evalúa de forma más precisa la calidad del aire de tu calle. Identifica las horas de más contaminación. Después te darás cuenta de que el aire interior suele estar más contaminado que el exterior y que es preciso vigilar la calidad del aire de la vivienda también, en particular de la habitación de tu hijo: elige revestimientos, pinturas y materiales que emitan sustancias lo menos contaminantes posible (busca sobre todo productos con etiquetas relativas a las emisiones al aire A+), airea la casa con regularidad, procura que la vivienda tenga una buena ventilación y limpia bien el polvo. **Un consejo: por la noche, deja siempre entreabierta la puerta de la habitación de un niño para que el aire circule.**

■ *Contaminación del agua:* consume agua embotellada o filtrada adecuadamente.

■ *Contaminación electromagnética:* vivimos en un mundo muy diferente al de nuestros antepasados y la omnipresencia de las ondas electromagnéticas es un factor que no podemos ignorar. Presta especial atención al entorno de la cama del bebé y aleja de allí todas las fuentes de ondas electromagnéticas (véase la página 52).

■ *Actividades estresantes o excitantes:* adaptad juntos vuestro ritmo de vida para que sea más tranquilo, evita, por ejemplo, asistir a fiestas ruidosas, en las que la gente se emborracha y fuma.

■ *Ritmo de trabajo:* disminuye tu ritmo de trabajo. Si la mamá trabaja, que procure evitar el estrés, los conflictos y el trabajo nocturno para llevar un ritmo acorde con la biología natural. Acompaña a tu pareja en ese sentido.

■ *Amistades:* la mamá puede evitar las relaciones que le resulten difíciles, que le absorban la energía o que sean invasivas. Nadie debería tocar la barriga de la mamá sin estar expresamente autorizado para ello, y tenéis todo el derecho a negaros.

Hay que llevar cuidado con el equipamiento de segunda mano

Entre las fuentes de contaminación que se deben evitar se encuentra una en la que mucha gente no repara, a menudo porque no tiene conciencia de ello: **la contaminación energética que transmiten muchos objetos de segunda mano.** Cuando llevas a tu casa un objeto de segunda mano y lo colocas cerca de un bebé, el objeto transmite y propaga la energía sutil que lo impregna y que puede ejercer una influencia sobre el niño. Algunos objetos han estado expuestos durante cientos o miles de horas a energías sutiles de personas o de lugares y están cargados de ellas. Es muy posible que la energía en cuestión sea molesta o perjudicial para tu hijo.

Si te resulta difícil de creer, intenta abrirte al enfoque energético sobre el mundo, que puede aportarte muchas cosas y evitarte bastantes contrariedades. De modo que, por precaución, evita los objetos de segunda mano, sobre todo cerca de los niños o en contacto con ellos. Encontrarás otros medios para ser ecológico o ahorrador.

Un papá bien informado

En contra de lo que se podría pensar, el embarazo no es realmente una época de descanso para el padre, en la que se limitaría a engordar a la vez que su pareja, por solidaridad… En realidad, durante el embarazo, **el papá no solo debe encargarse de sanear el entorno de vida y ayudar a la mamá, sino que también tiene que formarse e informarse.** El embarazo, el parto, la llegada del bebé y la vida con él son temas que el padre debería conocer.

Tu pareja se sentirá muy feliz de que te impliques, de saber que puede contar contigo, que te puede consultar cosas porque te han tomado la molestia de informarte. Cuando se sienta alterada por el embarazo o durante el parto, se sentirá feliz de que tú la acompañes porque eres capaz de comprender exactamente lo que está pasando. Por eso, **no olvides acoger con compasión y escucha todo lo que ella siente** porque, de momento, es ella la que se encuentra en primera línea de fuego.

Un papá benevolente

Comunícate con el bebé

Incluso cuando el bebé se encuentre acurrucado en el seno de la madre, tú puedes estar en contacto con él. Con permiso de la mamá, puedes acercarte al vientre con delicadeza, colocar tus manos sobre él, hablar al bebé con amor y ternura. Si tienes intención de ponerte en contacto con él, hazlo con mucha consideración, así se establecerá el contacto y os beneficiará a los dos. Al cabo de unos meses sentirás cómo se mueve y reacciona con tu presencia, cómo busca el contacto con tus manos sobre el vientre de mamá.

Tu bebé te conoce bien, siente tu presencia y reconoce las vibraciones de tu voz.

Intenta, en la medida de lo posible, estar relajado y ser positivo cuando te encuentres en presencia de la mamá embarazada y, sobre todo, cuando duermas a su lado. No olvides que sois tres en la cama y que el bebé es muy sensible.

Prepara el parto

Como papá, puedes ejercer una importante función durante el parto: una función de apoyo, información, presencia y asistencia. También puedes desempeñar un papel fundamental para tu hijo estando presente cuando venga al mundo.

Con frecuencia, los padres están presentes en el parto, pero, en ocasiones, la mamá o el papá no desean que sea así. Ideas diferentes, bloqueos interiores o experiencias del pasado pueden llevar a esa decisión. Si ese es tu caso, habla sobre el tema con tu pareja o con una comadrona e intenta aclarar las falsas creencias que puedas tener al respecto. Si has estudiado y comentado el tema, pero el deseo de no asistir al parto permanece en ti o en tu pareja cuando se acerca el acontecimiento, no te fuerces en exceso y respetad la voluntad de cada uno. Puedes, por ejemplo, estar cerca del paritorio, con la posibilidad de entrar según lo que sintáis los dos en el momento mismo del parto.

A continuación se incluyen una serie de recomendaciones para que te impliques positivamente en la preparación del parto y en el parto en sí.

Tu pareja seguramente realizará un curso de preparación al parto y, en algunos casos, tú podrás acompañarla. Pero no te limites a eso, aquí tienes una lista de puntos sobre los que conviene que estés informado:

- El proceso fisiológico completo del parto, las diferentes fases, las contracciones, la dilatación del cuello uterino, la expulsión, el alumbramiento, etc.

- Las diferentes formas de dar a luz, las diferentes posturas, la epidural, la episiotomía, los instrumentos para ayudar a que salga el bebé, etc. Conocer el vocabulario específico del proceso médico del parto te permitirá entenderlo y compartirlo con tu pareja cuando os encontréis en plena acción.

- Las diferentes formas de asistir y ayudar a la pareja en el «trabajo» de parto, durante las contracciones o cuando resulta difícil o doloroso. Descubre las distintas posturas para dar a luz. Habla con ella sobre este tema para decidir juntos lo que más le conviene.

- Las diferentes opciones sobre el lugar de nacimiento. Es posible visitar previamente una maternidad y hablar con un miembro del personal médico para hacerse una idea.

¿SABÍAS QUE...

Cada vez hay más «casas de nacimiento» en Francia. Se trata de centros dedicados al nacimiento, donde la dimensión médica es más discreta para respetar al máximo el proceso natural. La asistencia médica se encuentra disponible en caso de necesidad, por lo general proporcionada por el servicio de maternidad de un hospital próximo y completamente equipado.

- Las diferentes formas de recibir a un bebé cuando sale del vientre materno. Y este es un aspecto particularmente importante.

Después de haberte informado bien, junto con tu pareja, debéis definir vuestro proyecto de parto, sabiendo, obviamente, que las decisiones finales le corresponden a ella.

Debes tener en cuenta estas recomendaciones cuando salga el bebé

Salvo que exista algún tipo de complicación médica, el bebé debe colocarse de inmediato sobre el vientre de la madre y luego acercarlo rápidamente al pecho para que pueda mamar. Procura que el entorno sea tranquilo, silencioso y con poca luz. Solo después de ese largo momento con mamá se pueden realizar los primeros cuidados y limpiezas, con el bebé siempre cerca y, si es posible, en contacto con el papá, en caso de que la madre esté acostada más lejos en la habitación. Durante esos cuidados, cuando el bebé no esté en contacto con la mamá, ella puede hablarle, y el papá también, además de tocarlo y tranquilizarlo.

Hay que mantener, en la medida de lo posible, la continuidad entre el universo del vientre materno y el nuevo mundo (véase el capítulo 5). Informa al equipo médico de tus deseos en general sobre el parto y sobre la salida del bebé en particular. No obstante, escucha y respeta las consideraciones médicas que te pueda exponer el equipo sanitario.

En caso de cesárea, tienes incluso un papel más importante. Si le aplican una anestesia local, tu pareja apreciará mucho tu presencia y tu ayuda, tanto para ella como para el bebé. Si la operación se realiza con anestesia general —lo que es menos frecuente—, tú serás el encargado de suavizar al máximo la transición entre la vida intrauterina y la llegada al mundo, antes de devolverle el bebé a su madre en cuanto sea posible. La presencia del papá en el paritorio cuando se practica una cesárea no siempre se permite. En el caso de que se presenten serias complicaciones médicas, es comprensible. En los demás supuestos, puedes comunicar al equipo médico tu deseo de estar presente en el parto, sin descartar que pueda quedar a elección de la maternidad.

Organízate en previsión del nacimiento

Prepara previamente todos los aspectos prácticos, administrativos y organizativos.

- Puedes ayudar a la mamá a preparar la maleta con todo lo necesario para el bebé.

- Prepara lo que necesites también para ti durante los días siguientes al parto. Ten algo de comida en el frigorífico para no verte obligado a hacer la compra al volver de la maternidad.

- No tengas colada pendiente. Procura que la casa esté limpia y ordenada. Haz todo lo que pueda facilitar la vuelta a casa.

- Organiza tu agenda para que no tengas que irte de viaje cuando se aproxime el final del embarazo, no vayas a perderte el acontecimiento excepcional que es el parto.

- Habla con tu pareja para decidir cómo vais gestionar las visitas de la familia y los amigos después del nacimiento. Seguro que tendréis ganas de compartir vuestra alegría con ellos, pero reservaos un tiempo solo para vosotros tres y procurad que las visitas no sean invasivas y agotadoras. Te corresponderá a ti, más que a la mamá, explicar con diplomacia que tu pareja debe descansar. Puedes también establecer unos límites cuando las visitas quieran coger al bebé en brazos. La familia cercana, benevolente y afectuosa puede tener ese privilegio, pero también puedes indicar a los amigos que os visiten que, de momento, preferís que nadie coja al bebé. Esta tarea también corresponde al papá, porque para la madre es más difícil hacer acopio de diplomacia justo después de haber dado a luz.

■ Piensa también en preparar un regalo para tu pareja, porque es muy probable que, al ver cómo se ha portado en el parto, tengas ganas de felicitarla de todo corazón.

El encuentro con vuestro hijo

Es vuestro momento, el momento de los tres. Disfrutad del instante presente, es lo único que tenéis que hacer.

Que el amor y la fascinación te llenen, junto con tu pareja, mientras veneráis a ese pequeño ser. Decidle los dos, con vuestras propias palabras, que lo amáis y que es maravilloso, él lo sentirá y lo comprenderá. Mantened, en la medida de lo posible, el contacto entre el bebé y el papá o la mamá. Permaneced siempre uno de los dos con él. Quedaos en vuestra burbuja solos los tres durante unas horas.

EN LA PRÁCTICA

■ Desde la concepción hasta el parto, **el embarazo es un periodo en el que, como futuro papá, te puedes implicar activamente.**

■ **Ayuda a la madre en las tareas cotidianas,** protégela, muéstrate conciliador y benevolente.

■ **Establece de inmediato un vínculo con el bebé.**

■ **Prepara el parto** informándote y organizándote con antelación.

CAPÍTULO 5

LOS PRIMEROS MESES DEL BEBÉ

Todos los grandes sabios y los grandes meditadores te dirán que la felicidad se encuentra dentro de nosotros, que es una cualidad intrínseca del ser, que va acompañada de una paz profunda y estable. En realidad, la felicidad y la paz son la base de nuestro ser. El bebé, cuando se forma, dentro del vientre y luego fuera de él, emerge de esta profundidad dichosa.

En la vida, la auténtica felicidad depende de nuestra capacidad para conectar con esa profundidad dichosa. Muchas personas se esfuerzan por encontrar el camino de la felicidad; lo buscan en distintas circunstancias de la vida, cuando, en realidad, la felicidad se encuentra dentro de ellas. En los primeros meses del bebé, vas a empezar a trazar para él esa vía de acceso a la felicidad.

Su entrada en el mundo debería conservar una continuidad que le permitiera establecer un vínculo, una conexión entre la profundidad dichosa de la que ha salido y el mundo en el que vive.

Mantener la continuidad

Durante los primeros meses fuera del vientre materno (a título indicativo, los tres primeros meses), nuestro papel de padres consiste, ante todo, en mantener la continuidad. En lo relativo a su encuentro con el mundo, el nacimiento y lo que conlleva son, en sí mismos, suficientes. Es inútil pensar que en los primeros meses hay que esforzarse por acompañar al bebé en el mundo; basta con ayudarlo en la adaptación que se produce naturalmente en él.

En los primeros meses, una buena estrategia consiste en crear para el bebé unas condiciones que le recuerden a su entorno intrauterino. Esto le permitirá llegar sin brusquedad a nuestro mundo.

¿Cómo se hace en la práctica?

Aquí tienes algunas pistas al respecto:

Envolver al bebé

Cuando se envuelve al bebé de forma adecuada, este se encuentra como si estuviera en el útero, al final de la gestación, cuando tenía los movimientos limitados y estaba confinado entre sus paredes. Envolver al bebé lo tranquiliza. También puedes hacerlo por la noche, para dormir, porque prolonga las fases del sueño. Aquí no podemos explicar con detalle la forma de envolver al bebé, pero infórmate, y una vez que sepas como realizarlo, con total seguridad para el bebé, pruébalo. Muchos padres se han sorprendido de sus virtudes.

Llevar y mover al bebé

A un bebé le encanta que le lleven apoyado en el vientre y el torso de mamá o de papá. El contacto y el movimiento le recuerdan al entorno intrauterino.

El simple hecho de coger a un bebé en brazos y mecerlo le sienta bien. Para prolongar esos momentos y que el bebé siga en contacto con papá o mamá mientras os desplazáis u os dedicáis a vuestras ocupaciones, existen diferentes sistemas y accesorios: el fular tradicional, que debemos aprender a anudar según las distintas maneras de llevar al bebé; el portabebés fisiológico y ergonómico, que permite llevar al niño contra el cuerpo; el fular elástico y el fular tipo *sling*, en el que el nudo se hace con ayuda de unas anillas. Infórmate sobre los diferentes modelos: cada uno tiene sus ventajas y sus inconvenientes en lo relativo a la facilidad de uso, la fisiología o la duración a la hora de llevar al bebé.

El sonido

Pensabas que el entorno intrauterino era tranquilo y silencioso… Pues nada más lejos de la realidad. Está marcado por el ritmo de las pulsaciones del corazón de la mamá y por los movimientos de su respiración. **Algunos sonidos recuerdan al bebé su mundo anterior y se pueden utilizar para calmarlo y relajarlo:** son lo que se llama «nieve» en la radio o la televisión, *white sounds* en inglés o sonidos blancos, como el ruido de un secador (sosteniéndolo a más de un metro de distancia como mínimo) o de una secadora. También existen sonidos que ahora se encuentran en MP3 o CD: busca, por ejemplo, «white sounds baby» en Internet (pide ayuda si no dominas el inglés). Estos sonidos pueden ser sorprendentemente eficaces para calmar al bebé.

El chupete

No es obligatorio, pero tampoco es inútil, depende de los bebés. En el vientre materno, los bebés tienen la boca llena de líquido amniótico, de modo que encontrarse algo dentro de la boca les sienta bien. La succión es, en sí misma, muy útil porque tiene un impacto positivo en el ajuste de los huesos del cráneo y puede aliviar tensiones, sobre todo en caso de nacimientos difíciles.

Colaborar en la lactancia

La lactancia materna es una inmensa fuente de beneficios para el bebé. **Se trata de una alimentación rica y altamente adaptada al niño, que le transmite una gran cantidad de energía sutil.** La lactancia es también un acto de conexión profunda entre el bebé y la mamá, entre el bebé y el «paraíso original» del que ha emergido. Nunca ponderaríamos demasiado las virtudes de la lactancia materna y muchos estudios científicos han venido a confirmar sus beneficios. Es innegable que la lactancia es buena para el bebé. Infórmate sobre el tema y habla con tu pareja si no desea dar el pecho, porque puede ser, simplemente, que esté mal informada.

Si tu pareja ha tomado la feliz decisión de dar de mamar, puedes desempeñar un importante papel a su lado para colaborar en la buena marcha de la lactancia. Como quizás descubras, los conocimientos y la habilidad son muy útiles en la materia.

¿SABÍAS QUE...

En algunos países donde la lactancia materna está muy arraigada, el índice de éxito roza el 100 %, mientras que, en países con escasa transmisión de información sobre esta práctica, el índice de fracaso es mucho más elevado. Si estáis bien informados y bien acompañados, la lactancia seguramente será un éxito.

Como padre, aquí tienes tres maneras prestar una importante colaboración en la lactancia del bebé:

■ Ten en casa una obra de referencia sobre la lactancia como *L'Art de l'allaitement maternel* [en español, *El arte femenino de amamantar*] de la Leche League (véase el recuadro de abajo). Esta obra os proporcionará una información clave, así como valiosos consejos para resolver los pequeños problemas que pueden surgir en relación con la lactancia.

■ Identifica a las personas especialistas que puedan ayudaros con la lactancia, sobre todo en caso de que haya dificultades.

■ Ayuda a tu mujer cuando lo necesite, comprándole productos o pequeños accesorios, o con las posturas para dar de mamar. Conviértete en un estupendo asistente. Ya verás como el corazón se te llena mucho más de amor al ver a tu bebé feliz en el seno de tu pareja que si le dieras el biberón tú mismo.

¡SABÍAS QUÉ...

La Leche League [en España, La Liga de la Leche] es una organización internacional que promueve la lactancia materna. Puedes encontrar en su página web mucha información y valiosos contactos que te ayudarán:
www.lllfrance.org [en español, www.laligadelaleche.es].

Calmar el llanto

Si tu bebé llora, te necesita, necesita de tu ayuda. Llora porque algo le molesta o le hace sufrir. **En los primeros meses, tu función consiste en hacer el mundo lo más agradable posible para él, como si fuera una prolongación de su mundo anterior, con el fin de que se instale con confianza.** Olvida por completo las ideas erróneas como «Hay que dejar al bebé llorar, le sentará bien». En los libros sobre puericultura, encontrarás la lista de las distintas causas tradicionales del llanto:

- **Tiene hambre:** dadle de comer. Optad por una alimentación a demanda. Con la lactancia, a voluntad, según pida el bebé. Con el biberón, a menos que tenga un importante sobrepeso, que deberemos vigilar junto con el pediatra, la alimentación también conviene que sea a demanda. Somos nosotros los que debemos adaptarnos al niño y no el niño el que deba adaptarse a horarios establecidos de manera unilateral, sin tener en cuenta sus necesidades, lo que él vive.

- **Le molesta el pañal:** cambiadle.

- **Tiene sueño:** ayudadle a dormir (véase la página 91).

- **Tiene demasiado calor o demasiado frío:** actuad en consecuencia.

- **Le duele el estómago u otra parte del cuerpo:** evaluad la situación y llamad al médico o al pediatra si tenéis la menor duda.

Y, por último, hay una razón importante, pero que se suele ignorar con demasiada frecuencia: **vuestro bebé llora simplemente porque no se siente bien, porque le estresa ese nuevo entorno fuera del vientre materno,** porque experimenta un vacío y no encuentra el vínculo con la felicidad interior. La solución es cogerle en brazos y reconstruir para él los elementos del entorno intrauterino que le permitirán conectar con la profundidad dichosa y relajarse.

¿SABÍAS QUE...

El bebé más feliz

Algunos pediatras, sobre todo en Estados Unidos, han desarrollado métodos eficaces para calmar el llanto y tranquilizar a los bebés.

En este sentido, el Dr. Harvey Karp es autor de una obra titulada en francés *Le Plus Heureux des bébés* (Varennes, 2003) [que en español lleva por título *El bebé más feliz* y fue publicada por la editorial Palabra en 2015]. En este libro, altamente recomendable, se describe un método completo y eficaz para calmar y relajar a un bebé. Recientemente, otro pediatra estadounidense, Robert Hamilton, ha propuesto también un método simplificado que consiste en sostener al bebé de forma segura, bloquear sus brazos y realizar pequeños movimientos.

En Internet puedes encontrar fácilmente vídeos sobre los métodos propuestos por Harvey Karp y Robert Hamilton, que te permitirán visualizarlos bien. Como muchos padres antes que tú, probablemente te sorprenderás de la eficacia de estas técnicas.

Repasa las prácticas que hemos descrito antes para mantener la continuidad y contribuirás a que tu bebé sea un bebé feliz.

Ayudar al bebé a conciliar el sueño

La situación varía considerablemente según los bebés, pero, para muchos padres, el sueño es uno de los principales desafíos a los que se enfrentan. Los bebés se despiertan por la noche, a veces hasta que han cumplido el año o un poco después. Cada dos, tres o cuatro horas, el pequeño se despierta, por lo general porque tiene hambre.

Para los padres es agotador, sobre todo cuando la situación se prolonga y los despertares son frecuentes. No existe ninguna receta milagrosa, al menos por ahora, y, aunque las cosas pueden mejorar con los métodos que indicaremos a continuación, hay que aceptar un poco de incomodidad en esta etapa de la vida.

¡RECUERDA QUE...

El primer método que debes olvidar es dejar llorar al bebé cuando es muy pequeño (con menos de seis meses, a título indicativo). Si llora cuando solo tiene unos meses, el bebé te necesita, incluso para que le ayudes a conciliar el sueño. Dejarle llorar es romper la continuidad y grabar en él experiencias dolorosas que pueden afectarle profundamente.

Para ayudar a tu hijo a conciliar el sueño y a dormir más tiempo

- Utiliza las distintas prácticas que permiten **mantener la continuidad,** como envolverlo, los sonidos o el chupete, ya que pueden ayudar en gran medida a tu bebé a dormirse y no despertarse. Mecer suavemente la cuna también puede ser útil para dormirlo, porque la inmovilidad de la cama no le recuerda en absoluto a los balanceos naturales del vientre de mamá.

- Intenta poco a poco **condicionar la entrada en el sueño con una rutina,** con unos rituales repetidos cada día que indican el camino hacia la cama y el sueño.

- Ayúdale a distinguir la siesta del sueño nocturno. Puedes, por ejemplo, correr las cortinas para la siesta, pero no echar las persianas.

- Consulta a un osteópata (véase la página 97).

- Puedes hojear algunas obras sobre el sueño de los bebés, pero ten cuidado: debes hacer una selección y no dar por cierto todo lo que cuentan esos libros. Utiliza la sensibilidad y la visión profunda que has empezado a desarrollar para valorar lo que lees.

Aprender a dormir requiere esfuerzos por vuestra parte y sensibilidad para encontrar la manera de ayudar al bebé a conciliar buenos sueños que duren toda la noche.

Debes tener delicadeza, flexibilidad y respeto por la continuidad para conducir al niño hacia un largo sueño nocturno. No cedas a la facilidad que consiste en dejarlo
llorar: lo que ahora crees que ganas en sueño, lo perderás
más adelante en dificultades añadidas. No te compares
con los demás ni te desanimes si oyes que otros bebés
duermen enseguida durante toda la noche. A veces es
verdad y a veces han dejado llorar al bebé cuando era
todavía muy pequeño.

El sueño después de los seis meses

Si tu bebé tiene seis meses y decides probar a dejarle llorar
un poco para que se duerma o para que duerma más tiempo,
aquí tienes algunos consejos:

- No lo hagas con la siesta, podría pasarse todo el tiempo
  llorando sin ningún resultado. Inténtalo por la noche.

- Cuida de que no tenga mucho calor y de que haya
  bebido antes de dormir. Retira cualquier tipo de peli-
  gro de su cama, sobre todo lo que presente riesgo de
  asfixia.

- No lo dejes llorar si tú estás acostado en la misma habitación. Es mejor que llore solo, porque, de otro modo, no
  entenderá que no lo cojas en brazos.

- Procede de forma progresiva, dejándole llorar al principio
  durante fases de 5 minutos, luego de 10 y después de 15
  como máximo. Entre cada fase, hazle una visita rápida
  para decirle que lo quieres y que debe dormirse, hidrátalo

con el biberón de agua si llora mucho, comprueba visualmente que no tiene ningún problema particular y que no se corre ningún riesgo por dejarle llorar así. Si la madre da el pecho, es preferible que seas tú, el papá, quien te encargues de enseñarle a estirar las fases de su sueño nocturno. En caso contrario, cuando el bebé vea a su madre, querrá mamar y será más difícil para él calmarse. Si el bebé no concilia el sueño después de aplicar este método durante una hora, te corresponde valorar si es adecuado para él en este momento.

En este aprendizaje, muestra delicadeza y mantén el contacto con tu hijo, con sus sentimientos. Los principios no deben aplicarse de forma rígida, sino que su función es, simplemente, ayudarte a definir la manera más adecuada de acompañar a tu hijo hacia el sueño. Por lo tanto, es preciso que tengas también en cuenta las particularidades de tu hijo, su estado en ese momento y las circunstancias del instante presente.

TRUCOS Y ESTRATEGIAS

Masaje para bebés

De vez en cuando o con regularidad, a tu bebé le encantará recibir un masaje. Le aliviará de las tensiones, le relajará el cuerpo y le hará sentir una fuerte relación con el progenitor que se lo dé. Es un momento intenso e íntimo entre vosotros. En algunas culturas, con mucho acierto, los niños reciben masajes habitualmente. ■■■

Para hacerlo bien, infórmate en Internet o en una obra especializada. A tu pareja le puede gustar que le regales un libro sobre masajes para bebés. Aquí tienes algunas recomendaciones generales:

- Utiliza un aceite bio especial para masajes de bebés.
- Caliéntate las manos frotándolas una con la otra antes de empezar.
- Cuando hayas comenzado a dar el masaje, mantén siempre el contacto físico con el bebé. Deja al menos una de tus manos sobre él para no interrumpir la «corriente» que fluye entre vosotros.
- No des un masaje al bebé si estás alterado o estresado, espera a relajarte.
- Concéntrate en el instante presente cuando le des el masaje, que todo tu ser esté con él, no te pierdas en tus pensamientos. Obsérvalo y comunícate con la mirada si te mira.

Garantizar su seguridad

Más vale que lo sepas lo antes posible: existen peligros importantes para los bebés y los niños, así como muchas posibilidades de que ocurran accidentes domésticos. Hay cosas que debes aprender, y no puedes permitirte tener una idea aproximada sobre este ámbito.

Si eres lo bastante prudente, evitarás la gran mayoría de los riesgos. Si no lo eres, te expones a peligros que pueden provocar situaciones trágicas y dolorosas.

Protege a tu hijo de los accidentes domésticos

Como padre, haz lo que sea necesario para que tu hijo esté rodeado de un entorno seguro, y eso empieza por informarte: en Internet, puedes leer en francés una publicación titulada *Protégez votre enfant des accidents domestiques*, editada por el INPES (Instituto Nacional de Prevención y Educación para la Salud), que se descarga en el siguiente vínculo: http://inpes. santepubliquefrance.fr/CFESBases/catalogue/pdf/978.pdf.

Una cosa más: nunca zarandees a un bebé, bajo ningún pretexto, porque los riesgos pueden ser muy graves.

Cuidar su salud

Implícate en el cuidado de la salud de tu hijo. Debes saber que hay enfoques divergentes según los médicos o los pediatras, pero te corresponde a ti decidir cómo vas a orientar la trayectoria y el seguimiento médico de tu hijo.

A continuación, se indican algunos aspectos importantes sobre los que puedes informarte para adoptar mejor una postura. Ten una **actitud prudente y moderada.**

Vacunas

Una vacuna no es inocua para el pequeño cuerpo del bebé. Su inyección demanda un importante trabajo al sistema inmunitario. Habrá que encontrar un equilibrio entre la protección contra algunas enfermedades y la gestión del sistema inmunitario. La inyección de cuatro, cinco o seis agentes de enfermedades graves en los primeros meses de vida constituye una prueba para el organismo de la criatura. La cuestión de las vacunas cada vez está más presente en el debate público, sobre todo en Francia, que es uno de los pocos países de Europa occidental que mantiene la obligación de vacunar a los niños. El equilibrio pasa sin duda por la posibilidad de decidir sobre cada vacuna y por tener en cuenta la edad del niño que va a recibir el tratamiento. Como padre, te corresponde informarte sobre este tema y descubrir los debates existentes.

Enfoque médico

¿Antibióticos o tratamientos más suaves? Busca con el médico la manera de curar a tu hijo con medicamentos cuya potencia se ajuste a su problema de salud, que no sean ni demasiado fuertes ni demasiado suaves. Los antibióticos no son automáticos, como reza el eslogan en Francia.

¿Consultar a un osteópata?

Se puede acudir a la consulta del osteópata después del nacimiento, en un plazo que conviene determinar con él, y luego de una a dos veces al año, durante los primeros años. Este seguimiento puede ser muy interesante y complementario de la medicina tradicional. La osteopatía puede solucionar distintos tipos de problemas y, en concreto, puede ayudar a dormir. Elige bien a tu osteópata y acude tú mismo a su consulta antes del parto para valorar la calidad de su trabajo.

Organizarse en la vida diaria

Al cabo de las dos o tres primeras semanas, cada uno retoma sus quehaceres. Papá, por lo general, vuelve al trabajo, mientras que Mamá se queda con el bebé. A veces, después de pasar solo dos o tres meses cuidando del bebé, se oye decir a algunas mamás: «No puedo más, me gustaría volver al trabajo». Y es verdad que, en ocasiones, es más fácil trabajar fuera de casa que criar a los hijos, es más sencillo y agradable. Pero tampoco faltan grandes alegrías. Para que no os encontréis en la situación de las mamás que no ven otra solución que ir a trabajar, es necesario organizar la vida con el bebé. En realidad, hay que pensar en ello desde el embarazo. Tú puedes acompañar a tu pareja en su reflexión.

La mamá y el bebé

¿Cómo va a organizar la mamá su jornada con el bebé? Aquí tenéis algunas pistas:

■ Relacionarse con otras mamás que tengan hijos pequeños, de la familia o de los amigos, o bien acudir a locales de encuentro de padres con hijos (busca si existe este tipo de recurso cerca de tu casa).

■ Programar buenos paseos diarios en un entorno agradable, por la naturaleza si es posible. Más adelante, cuando el bebé haya crecido un poco, también puede ir al parque infantil.

Salir de paseo

A menos que llueva a cántaros o que haga mucho frío (por debajo de 0°), puedes salir de paseo con el bebé desde que tenga unos días. Abrígale bien si hace frío o protégele del sol, y sal de casa. Le encantará. Sal todos los días a disfrutar del aire libre y, en cuanto puedas, programa dos salidas al día. Por supuesto, opta por la naturaleza y el aire de buena calidad. Evita los lugares con demasiada gente y con ruido, así como las tiendas.

Estas salidas serán muy buenas para tu hijo, le aportarán equilibrio y armonía. También es posible que, si sale durante el día, luego duerma mejor. Asimismo, estas salidas al aire libre serán muy positivas para la mamá o el papá.

■ Planificar ocupaciones en casa durante el tiempo de la siesta del bebé: relax, formación, algo de teletrabajo…

■ Informarse más sobre la maternidad leyendo libros, entrando en contacto con otras madres o con grupos de apoyo para portar al bebé o para la lactancia materna.

■ Plantearse, de vez en cuando, la posibilidad de que papá trabaje desde casa para permitir a la madre salir un momento después de dar de mamar al bebé.

- A partir de la diversificación alimentaria, interesaos por la comida del bebé y hacedla vosotros mismos. Saber preparar la comida de los hijos durante toda su infancia es una gran cualidad. Los niños reciben una comida cargada de buenas intenciones y de amor que los nutre más allá de la mera composición física de los alimentos. Equipaos con un robot de cocina especialmente diseñado para preparar la comida del bebé. Es un aparato muy útil.

- Y, por supuesto, pasar tiempo con el niño, sencillamente. Cuando nos encontramos con el bebé allí donde está, tal como es, nos sumergimos en el instante presente, lleno de frescura y amor.

¡RECUERDA QUE...

Si un día oís críticas sobre el hecho de que tu pareja se dedica a vuestros hijos pequeños haciendo, por ejemplo, un paréntesis temporal en su carrera profesional, debes defenderla enérgicamente. Dile que la apoyarás el día que desee retomar su actividad laboral porque los niños requieran de una menor disponibilidad por su parte y que la ayudarás todo lo que puedas.

Una modalidad de cuidado adecuada

Supongamos que, por cualquier razón, ni tu pareja ni tú os podéis quedar en casa al cuidado de vuestro hijo, y esto antes de que haya alcanzado un primer nivel de autonomía, es decir, antes de los dos o tres años. ¿Cómo mantener, en la medida de lo posible, la continuidad, la conexión profunda del niño con la tranquilidad de la que ha emergido? Aquí tienes algunas pistas:

- Reducir todo lo posible el tiempo que pase sin papá ni mamá. Cuanto más pequeño sea el niño, más importancia hay que darle. Acortad la jornada laboral de la madre durante este periodo para que pueda estar el mayor tiempo posible con su hijo. También es conveniente que el padre disponga de más tiempo, gracias a la posibilidad de trabajar desde casa, por ejemplo, para mantener el contacto con el bebé, en sustitución de la madre.

- Procurad que una persona de confianza venga a vuestra casa cuando estéis ausentes: si es posible, un miembro de la familia cercana, bienintencionado y capaz de respetar vuestras instrucciones y vuestra visión de la educación. Como segunda opción, se puede llevara al bebé a casa de esa persona de confianza. Esta decisión se tomará según los casos y las distintas situaciones referentes a la vivienda y el entorno.

- Para elegir una modalidad de cuidado, sea cual sea, examinad a fondo cada opción, las cualidades humanas de las personas y su capacidad para adaptarse a lo que deseáis para vuestro hijo. Los bebés necesitan amor, compasión y personas atentas a sus necesidades. Pedid cada día detalles de lo que ha vivido vuestro hijo.

No olvides que la idea no es «cuidar» a un niño, sino educarlo.

EN LA PRÁCTICA

- Procura que tu hijo tenga una llegada tranquila, facilitando la transición entre la vida en el vientre materno y fuera de él.

- Valora en sus justos términos, con tu pareja, la importancia de la lactancia materna.

- Atiende el llanto del bebé.

- Acompáñalo para que aprenda a dormirse.

- Conviértete en parte interesada en su salud e infórmate por su seguridad.

- Organiza de forma inteligente su vida cotidiana, en particular para que salga de paseo con regularidad.

- Si debes encomendar su cuidado a otra persona, pon especial atención a que no pierda su conexión profunda con la tranquilidad de la que ha emergido como ser humano.

CAPÍTULO 6

ACOMPAÑAR A TU HIJO EN SU ENCUENTRO CON EL MUNDO

Ese bebé tan frágil y dependiente está llamado a convertirse en un ser humano autónomo dentro de veinte años. Debes acompañarlo a lo largo de su infancia para que madure, descubra el mundo y encuentre su lugar en él.

Aunque ambos progenitores participan en este proceso de acompañamiento, el padre desempeña un papel fundamental. La madre representa el origen apacible del que ha salido el bebé, pero seguramente no es fácil para ella ejercer sola la función de acompañante en su encuentro con el mundo. El papá representa una segunda presencia para el hijo, que supone pasar de uno a dos, de la unidad a la multiplicidad.

El papá, un guía para el hijo

Siguiendo a su padre, el pequeño se adentra en el mundo y acepta esta aventura sobre todo porque sabe, por otra parte, que puede contar con la tranquilidad reconfortante de su madre. El papá le ayuda a aventurarse y encontrar su lugar en el mundo.

Establecer el contacto

En cuanto nazca el bebé y durante las primeras semanas, como padre, pasa tiempo con él. Hazle sentir tu presencia amorosa y, cuando esté despierto, entra en contacto con él: míralo con ternura, acarícialo, emite sonidos para él y observa sus reacciones.

Entra en su mundo y ponte a su nivel. No dudes en portarlo con frecuencia tú también, usando un accesorio adecuado (un fular u otro tipo de solución) si es necesario.

Acompáñalo en el descubrimiento del mundo

Desde los dos o tres meses de edad, el bebé empieza a interesarse por los objetos que le rodean y se familiariza progresivamente con ellos. También va perfeccionando la prensión de las manos y, a lo largo del primer año, la manipulación. Acompáñalo, túmbate con él en su alfombra de actividades e interésate por los objetos que están a su alrededor. Sentirá que estás a su lado, con benevolencia, para ayudarle a descubrir el mundo.

A medida que pasen los meses y los primeros años, tu hijo superará una etapa tras otra de su crecimiento y su relación con el mundo. **Cuanto más sienta tu presencia benevolente a su lado, más confianza tendrá en su capacidad para avanzar en el mundo.** Este último se le representará como un lugar lleno de oportunidades y de posibles descubrimientos, en vez de como un entorno extraño, repleto de obstáculos y dificultades.

Un papá que acompaña a su bebé en el descubrimiento del mundo tiene una gran influencia en la visión que se forme el niño y luego el adulto en el que se convertirá.

Si es posible, todos los días o, por lo menos, con mucha frecuencia, intenta percibir dónde está tu hijo, lo que despierta su interés, y participa también de ello encontrándote con él allí donde esté.

Responde a sus preguntas

Poco a poco, cuando se suelte a hablar, tu hijo te hará preguntas y, en ocasiones, pasará por periodos en los que te planteará muchas preguntas cada día. **Responde siempre lo mejor que puedas, de manera serena, precisa y detallada. Demuéstrale que te importan y te interesan sus preguntas.** Si actúas así, tu hijo valorará su curiosidad y le gustará comprender las cosas, así como desarrollar activamente su inteligencia. Aunque te moleste con tus preguntas, no lo demuestres, esquívalo si es necesario diciendo que responderás después a esa pregunta tan interesante, pero que primero tienes que terminar una cosa.

Tus respuestas no deben limitarse a breves afirmaciones con objeto de librarte cuanto antes de la pregunta, al menos no de manera sistemática. **Tómate el tiempo de responder de forma extensa y con perspectiva,** con detalle, situando el tema abordado en todo su contexto. Si es necesario, apóyate en un libro o en Internet para respaldar tus palabras.

Una figura natural de autoridad

Acompañar a un hijo también es guiarlo y orientarlo marcándole los límites.

Cuando es muy pequeño, un bebé no necesita autoridad; simplemente, debemos acompañar de cerca sus deseos y necesidades. Al menos durante los seis primeros meses, no es necesario enseñarle ningún límite ni obligar a hacer nada al niño.

Después de los seis meses, si no duerme durante toda la noche, podemos dejar que llore un poco, como hemos indicado antes. Este será el primer límite que pongas al bebé, procurando hacerlo con la mayor suavidad e inteligencia posibles. A continuación empezará a desplazarse y, sobre todo, a andar, por lo general en torno al año, y será el momento de comenzar a marcar activamente los límites.

Un niño que se desplaza solo puede exponerse a muchos peligros o provocar problemas si no haces lo necesario para asegurar su espacio vital y alejar las causas de los riesgos. Aunque tomes todas las precauciones, es indudable que deberás establecer ciertas reglas.

A partir de ese momento y durante toda su infancia, estarás delimitando constantomonto un entorno en el que tu hijo crecerá y se realizará.

Durante los primeros años, una de las grandes misiones que vas a cumplir será **marcar los límites de forma progresiva e inteligente y familiarizarle poco a poco con la frustración de no poder hacer todo lo que quiere.** Si consigues hacerlo durante los primeros años, el resto de la infancia será más fácil porque tu hijo habrá aprendido a aceptar los límites y las normas.

Los límites

Aprender a respetar los límites tiene dos ventajas fundamentales: la primera es, por supuesto, orientar los comportamientos del niño en la dirección correcta; la segunda, aunque no menos importante, es enseñar al niño a adaptarse a las normas.

La flexibilidad y la capacidad de adaptación y de tomar distancia con respecto a los propios deseos son ingredientes esenciales para una vida feliz. Una educación eficaz en cuestión de autoridad es una educación que ha guiado correctamente al niño y que ha desarrollado en él un enfoque consciente de las situaciones de la vida. A través de este enfoque consciente, el niño percibe su deseo, pero también percibe la situación y sus limitaciones, de modo que puede adaptarse y ubicarse mejor, teniendo en cuenta su persona, así como el mundo en el que vive.

Este es el reto: la autoridad no pretende reprimir el deseo, negarlo o anularlo, sino establecer límites para que el niño aprenda a desarrollar una actitud profunda y consciente ante sus deseos y las limitaciones de la vida.

Como padre, puedes ejercer un papel importante en cuestión de autoridad. La madre también debe participar activamente en este sentido —los dos progenitores son necesarios—, pero la intervención del padre puede ser esencial por varias razones:

■ Su físico y su voz grave, que pueden imponerse si hace falta.

■ Su papel de acompañante en el mundo, que estructura y forja al hijo, a veces sacándole de su zona de confort. Es más fácil que este papel lo desempeñe el padre porque la madre está, para el niño, visceralmente asociada a la profundidad dichosa y segura, al confort interior.

TRUCOS Y ESTRATEGIAS

Algunos consejos para ejercer la autoridad

■ Adapta tu autoridad a la edad del niño y ejércela de manera progresiva.

■ Adáptate a tu hijo porque cada niño es diferente en materia de cooperación con la autoridad.

■ Sé firme, pero no severo.

■ Sé un buen *coach* para tus hijos.

■ No te dejes llevar por la ira, pero exprésala de forma controlada cuando sea necesario.

■ Si el niño se niega a cooperar, aíslalo unos instantes y no abuses de tu fuerza física. Busca un método de aislamiento adaptado a su edad, la idea es impedirle que vaya donde quiera durante unos minutos como mucho.

■ Cuando seas firme con él, encuentra la manera de hacerle sentir que lo quieres siempre y que tu firmeza no cambia en nada tu amor. En los periodos en que debas ser más firme que de costumbre, encuentra también momentos para jugar con él. De este modo, percibirá tu amor intacto e incondicional.

Un *coach* de las emociones

Muchos padres dan una gran importancia al intelecto e ignoran el valor de la inteligencia emocional. **Si hay que otorgar prioridad a un tipo de inteligencia, esta sería la inteligencia emocional porque es la que conduce a una vida feliz** y permite además el desarrollo del intelecto. En cambio, el desarrollo del intelecto sin más conduce a vidas de adultos difíciles, poco felices, con relaciones humanas complicadas. Es más, el intelecto no puede acceder a las esferas sutiles de la inteligencia si el corazón y el sistema emocional no entran en juego. Por ello, dedica tus esfuerzos a la inteligencia emocional de tu hijo.

Mediante el enfoque consciente y profundo de la autoridad que hemos mencionado, contribuyes al desarrollo de su inteligencia emocional. De manera más amplia: aprender a reconocer las emociones, a nombrarlas, a situarse de manera adecuada, sin reprimirlas ni tampoco dejarse llevar por ellas…, todo esto puede empezar a practicarlo tu hijo poco a poco, a partir de los dos años y medio aproximadamente. Se recomienda leer al menos una obra sobre las emociones del niño (en relación con este tema y con otros, la lectura de *100 conseils spirituels et pratiques pour devenir parents*, publicado por Éditions Jouvence, puede interesarte).

> *Como padre, puedes ayudar mucho a tu hijo a estructurar su enfoque de las emociones y a desarrollar su inteligencia emocional.*

Todos somos únicos y diferentes

Tu hijo no es una página en blanco donde se escribe su historia desde su nacimiento. Él viene al mundo con un conjunto de predisposiciones. Algunos hablarán de genética, otros de astrología, karma o vidas anteriores, pero lo que es evidente es que cada niño tiene unas características propias. Aunque vuestra acción como padres será decisiva en la manera en que esas predisposiciones se concreten o no, es importante recordar que desempeñas tu papel en una situación que no parte de cero.

Cada niño es fundamentalmente único y viene al mundo con ciertas predisposiciones. El adulto en el que se convertirá más adelante será el resultado de la manera en que hayamos conseguido acompañarlo lo mejor posible, partiendo de estas predisposiciones.

Una vez que asumas esta realidad, estarás en condiciones de acoger plenamente a tu hijo, con todas sus características. Unos niños son introvertidos y otros extrovertidos, algunos son muy sensibles y otros bastante «bestias», los hay con mayor fuerza física o más intelectuales, unos son más deportistas y otros más artistas, etc. Los padres de familia numerosa descubren admirados hasta qué punto sus hijos son diferentes, como flores de distintas especies que brotan en un mismo jardín.

Prescinde de tus expectativas, tus ambiciones y tus ideas preconcebidas sobre tu hijo. Te habría gustado esto o aquello, que se pareciera un poco más a ti, que fuera de determinada manera... Olvídalo todo. Deja que tu hijo sea quien es. Tu papel no es dictarle su camino en la vida, sino acompañarlo lo mejor posible para que se realice plenamente. Una rosa nunca será una hortensia, pero cada una de las flores necesita un cuidado específico. Si recibe lo que necesita, alcanzará su pleno desarrollo.

Y no te olvides de ser feliz con tu hijo, de celebrar con él la simple dicha de existir. Por ejemplo, es fácil volver alguna vez del trabajo con unos globos para jugar con tu pequeño. Que la vida sea ligera como una fiesta, al menos de vez en cuando.

EN LA PRÁCTICA

- **Acompaña a tu hijo en su encuentro con el mundo,** estableciendo vínculos con él, saliendo a descubrir el mundo con él y respondiendo a sus preguntas.

- **Encarna una autoridad benevolente y beneficiosa,** que guíe a tu hijo y le enseñe a adaptarse a la vida.

- Otorga importancia a la **inteligencia emocional** de tu hijo.

- Considéralo un ser único, con sus características propias, a quien debes acompañar de la mejor manera, sin expectativas ni prejuicios.

CAPÍTULO 7

TU PROGRAMA PERSONAL PARA AVANZAR

Comunícate con tu pareja

Obviamente, es con tu pareja con quien vas a fundar una familia y a educar a vuestros hijos. Juntos debéis definir vuestro proyecto familiar y la manera en que deseáis acoger a las criaturas que la vida os confíe.

Hablad, compartid vuestros puntos de vista, no dudéis en expresaros y en acoger lo que dice el otro, no os calléis nada sobre este tema.

Es cierto que hay aspectos que afectan más a un progenitor que a otro. Por ejemplo, la lactancia. En efecto, será tu pareja la que finalmente decida dar o no el pecho, porque ella es la que debe realizar la tarea. Sin embargo, se trata del hijo de los dos, de modo que, como padre, tienes derecho a expresar tus deseos en lo relativo a la lactancia.

Simplemente, has de ser respetuoso con tu pareja, expresarte con tacto, intentar aportar información objetiva y decirle que, por supuesto, la decisión es suya, y que la apoyarás en cualquier caso.

- Cuando tengáis puntos de vista diferentes en asuntos relacionados con los hijos, **no os enfadéis,** antes bien, adoptad la firme resolución de buscar juntos lo mejor para ellos, escuchándoos respetuosamente e intentando tomar, en la medida de lo posible, las decisiones juntos.

- **Daos tiempo para decidir** y para que cada uno pueda aportar información objetiva que permita aclarar el tema sobre el que reflexionáis en ese momento. Intentad diferenciar juntos los datos objetivos de la situación de las preferencias personales y subjetivas.

- **No os enfrasquéis en enfrentamientos de egos,** ni en el deseo de tener razón. Recordad que debéis buscar lo mejor para vuestro hijo, según vuestras posibilidades, y para ello es necesario ir más allá del «yo pienso que», «yo prefiero» o «a mí me gusta esto o aquello».

¡RECUERDA QUE...

Lo que nos gusta, lo que pensamos o lo que preferimos está a veces condicionado por toda clase de influencias procedentes de nuestro entorno o de la educación que hemos recibido. Debemos tomar distancia con respecto a nuestras inclinaciones para buscar la realidad objetiva.

Cuando no estés de acuerdo con tu pareja, intenta superar tus inclinaciones y salir de tus limitaciones para ser más objetivo. Encontraos en el amor que compartís por vuestro hijo.

Aplica las recomendaciones a tu vida

A través de esta obra y de otras fuentes de información disponibles, desarrollarás tu propia visión del papel de padre. Evidentemente, la manera en que puedas aplicar esa visión a tu propia vida depende en buena medida de las circunstancias particulares que te rodean.

Nadie está obligado a lo imposible

Si, por cualquier motivo, no conseguís poner en práctica alguna recomendación, buscad la opción más adecuada y seguid adelante. Sin embargo, debéis tomar conciencia de la gran importancia que tienen y tendrán los hijos en vuestra vida, y situar en la cúspide de vuestras prioridades vuestro papel de padres.

Adáptate a las circunstancias que te vienen impuestas

Cuando los acontecimientos no se desarrollan como deseamos, tenemos que ser flexibles y adaptarnos. Tu hijo necesita que asumas rápidamente la nueva situación, aunque no responda a tu ideal. **Pueden surgir toda clase de imprevistos, pequeñas contrariedades y, a veces, grandes problemas. Debes estar dispuesto a adaptarte.** La finalidad no es alcanzar un ideal, sino seguir unas pautas y adaptarse constantemente a las circunstancias.

Supón que habéis previsto un parto lo más natural posible, pero que, al final, la situación médica exige una cesárea. Debéis adaptaros lo más rápido posible para satisfacer de la mejor manera las necesidades de vuestro hijo. Superad enseguida la decepción de no ver a vuestro hijo nacer mediante un parto natural. Vosotros proponéis, pero es la vida quien dispone, es la vida quien decide, y os toca adaptaros lo mejor posible. Por lo tanto, parto por cesárea, de acuerdo, hagámoslo lo mejor que podamos, seamos positivos y llenemos de amor a la mamá y al bebé.

En el escenario de un teatro, ¿quién es un gran actor, el que interpreta mal un papel fácil o el que interpreta bien un papel difícil?

No te sientas decepcionado por tu hijo cuando las circunstancias no respondan al ideal que te habías forjado. Sus predisposiciones le conducirán hacia ciertas circunstancias de vida, y lo que tu hijo necesita es que te adaptes lo mejor posible.

Como padre, intento formarme y descubrir las principales recomendaciones objetivas para acoger y educar bien a un hijo. Luego, me adapto constantemente a las circunstancias de la vida.

No hay un resultado predeterminado que debáis alcanzar como padres. Tampoco hay un hijo ideal que debáis mostrar orgullosos al mundo para informar de vuestro éxito en el papel de padres.

Poco a poco, disfrutaréis de la felicidad de las personas que lo hacen lo mejor que pueden, de quienes no experimentan pesar cuando no se dan las circunstancias deseadas, porque saben que no todo depende de ellos y que, simplemente, tienen que actuar de la mejor manera.

¿Qué puedes hacer para mejorar como padre?

Te hago la pregunta personalmente a ti. Examina con lucidez, después de todo lo que hemos comentado, lo que podrías hacer para mejorar. Unos tendrán que mejorar su forma de comunicarse, otros deberán trabajar la ira y la paciencia, aprender a relajarse o hacer un esfuerzo por informarse y leer algún libro.

Seamos pragmáticos y veamos las cosas tal como son. Cuando estudiábamos, nos esforzábamos por desarrollar nuestras competencias y conocimientos para sacar buenas notas, porque sabíamos que nuestra vida profesional dependía en parte del éxito en nuestros estudios.

La vida de familia, la acogida y la educación de los hijos también necesitan que realices un esfuerzo de formación. En realidad, los esfuerzos que hacemos en este ámbito tan particular de la vida se ven altamente recompensados. En ocasiones cursamos estudios que resultan finalmente inútiles, sin salida profesional o sin posibilidad de aplicar en la práctica los conocimientos adquiridos. En este terreno, los esfuerzos que hagas por mejorar como padre tendrán una aplicación fundamental: en todos los miembros de la familia, aumentarán el amor y la sabiduría, sobre todo en función del esfuerzo que hayas realizado para desempeñar lo mejor posible tu papel de padre.

Debes estar dispuesto a cambiar y evolucionar. A poner todo de tu parte. Y eso empieza por identificar en concreto los aspectos en los que puedes mejorar tú personalmente.

Haz de tu familia una familia feliz

La familia es el terreno principal donde crecen los hijos, pero también es un lugar de relaciones privilegiadas entre todos sus miembros. Si como padres nos aplicamos en fundar una familia feliz, todas las relaciones entre sus miembros se beneficiarán de nuestros esfuerzos: las relaciones entre padres e hijos, entre los progenitores y entre los hermanos.

Los vínculos dentro de una familia pueden constituir una gran fuente de energía y amor para todos sus miembros.

Es cierto que existen buenas y grandes amistades, pero también es frecuente que las amistades pasen por vicisitudes, sobre todo en este mundo moderno donde nos cuesta tener en cuenta al otro en nuestras relaciones. Por lo general, los vínculos familiares son las relaciones más fuertes entre los seres humanos. A menudo, cuando la familia está disponible y es relativamente armoniosa, acudimos a ella de manera espontánea en caso de dificultad, incluso cuando somos adultos. Por supuesto, de vez en cuando conocemos casos de familias que se rompen y de conflictos entre hermanos. Pero es totalmente posible construir un hogar armonioso, que transmita a cada uno de sus miembros una considerable cantidad de amor y confianza.

Si, como padres, os dedicáis a este objetivo de hacer de vuestra familia una familia feliz, derramaréis hábilmente sobre vuestros hijos tal cantidad de amor que se sentirán llenos y no experimentarán la carencia que podría provocar celos y conflictos entre hermanos. Los vínculos padres-hijos y los vínculos entre hermanos se vuelven muy poderosos y significativos. **El vínculo entre los progenitores crece también en amor e intensidad. La familia se convierte en un halo de fuerza y de amor que envuelve a cada uno de sus miembros a lo largo de toda su vida.**

Vas a ser papá o eres un nuevo papá, de modo que puedes contribuir de la mejor manera a formar una familia feliz. Pon en ello tu inteligencia y tu amor, porque ambos son necesarios. Recuerda que tus esfuerzos en este ámbito son muy valiosos y que deben situarse en la cúspide de tus prioridades.

Recibe la opinión de los demás con discernimiento

Como hemos visto, es importante que te informes, te formes y recibas, si es necesario, opiniones y consejos de calidad.

Sin embargo, es preciso hacer una selección de toda la información que te llega y desarrollar tu visión profunda del papel de padre, buscando siempre el amor y la benevolencia hacia los hijos. En ocasiones, oirás a tu alrededor pareceres y opiniones que no te servirán.

Lamentablemente, nuestro mundo moderno no otorga la suficiente importancia al papel de los padres y, por lo tanto, hay poca conciencia y pocos conocimientos sobre este tema difundidos en la cultura general. De este modo, oirás opiniones bastante irreflexivas. Unas veces vendrán de un miembro de tu familia, otras de un amigo o, incluso, de un desconocido, pero sucederá sin duda:

- *«Deja que llore el bebé, es bueno para él».*

- *«No lo cojas mucho en brazos para que no se acostumbre».*

- *«Con seis meses, francamente, ya no podemos ser vacas lecheras y amamantar a nuestros hijos».*

Etcétera. Es impresionante el nivel de inconsciencia que nos encontramos a veces, a menudo acompañado de un gran aplomo en la afirmación de esas opiniones. La gente suele tener opiniones categóricas porque percibe que se trata de un tema fundamental y prefiere refugiarse en certezas ilusorias antes que enfrentarse a la realidad, lo que podría conducirle a darse cuenta de que su propio comportamiento como padres no ha sido el ideal.

Si os esforzáis por ser padres conscientes y entregados, es posible que algunas personas descubran, al tratar con vosotros, sus propias lagunas como padres, lo que les puede resultar doloroso porque, en el fondo, todos los padres del mundo desean lo mejor para sus hijos. Algunos reaccionarán con cierta agresividad, emitiendo juicios categóricos, y otros, simplemente, se sentirán incómodos. Debéis comprender que detrás de su comportamiento y su juicio hay malestar y, quizás, dolor.

Sé fuerte y no dejes que te afecte, la felicidad de tu familia tiene infinitamente más valor que las opiniones de las personas que te rodean. No entres en conflicto ni intentes convencerlas, comparte tu visión de las cosas solo con personas capaces de interesarse realmente en ella, de abrir la mente y evolucionar. Aléjate de discusiones estériles, pero permanece atento a los buenos consejos y a la voz de la experiencia.

Una familia ¿de cuántos hijos?

Llegará el momento en que os plantearéis esta cuestión. Algunos tienen ideas claras sobre este tema incluso antes del nacimiento del primer hijo, otros van viendo poco a poco y deciden en algún momento que la familia está completa.

Son muchos, muchos los parámetros que influyen para determinar el número de hijos que deseamos acoger en nuestro hogar, y con frecuencia surge en nosotros la respuesta después haber pensado sobre estos parámetros durante un tiempo. A continuación, se indican algunos puntos de vista que pueden ayudar a que esa reflexión madure.

Un hijo único

Quizás sea lo que queréis para vuestra familia, pero procurad descartar todas las ideas preconcebidas. Algunos padres, por ejemplo, han tenido una mala experiencia en la infancia con sus hermanos y por eso desean un hijo único. Pero, si estáis leyendo este libro, probablemente seáis unos padres comprometidos con la creación de una familia feliz y encontrareis la manera de forjar en vuestro hogar una relación más armoniosa entre los hermanos.

Si la familia está compuesta por varios hijos, estos tienen una gran oportunidad de aprender a vivir en sociedad y a relacionarse con el otro. También suelen ser familias más fuertes y enriquecedoras para todos sus miembros. Sin embargo, si por razones particulares pensáis objetivamente que un hijo único es lo más conveniente para vuestra familia, perfecto. Seguro que encontráis la manera de que vuestro hijo entable relaciones sociales enriquecedoras para él.

Una familia numerosa

Este tipo de familia puede ser una gran fuente de felicidad para todos sus miembros. Sin embargo, los padres deben estimar el número de hijos que les permita dar a cada uno lo que necesita. La disponibilidad de tiempo, los recursos económicos, las ayudas de las personas de confianza, la vivienda, las actividades infantiles, nuestras aspiraciones en la vida… Debemos tener todo esto en cuenta para decidir cuántos hijos podemos acoger adecuadamente en nuestra familia.

EN LA PRÁCTICA

- **Habla con tu pareja para definir juntos vuestro proyecto de familia.**

- **Intenta cumplir tus objetivos como padre de forma exigente, pero también realista,** aceptando los imprevistos lo mejor posible.

- **Define tu programa personal para mejorar** como padre, identificando los puntos clave que debes trabajar.

- **Selecciona** las recomendaciones y opiniones que oigas.

- **Reflexiona sobre el número de hijos** que deseas para tu familia, con pragmatismo y libre de ideas preconcebidas.

Conclusión
Ser papá,
una historia de amor y felicidad

Todo el mundo desea una vida llena de felicidad y amor. Muchos trabajan y se preocupan por cumplir toda clase de deseos, a través de los cuales esperan encontrar la dicha. En realidad, esforzarse por ser un buen papá es uno de los medios más eficaces y accesibles para crecer en amor y felicidad.

¿Qué es el amor?

Con frecuencia, buscamos el amor pensando que la finalidad es ser amado. Pero, cuando somos adultos, el auténtico fin, lo que nos hará realmente felices, es amar, mucho más que ser amados. Cuando somos amados, la persona que nos ama experimenta el amor que emana de ella, mientras que nosotros solo percibimos su expresión externa.

Por ello, el camino de crecimiento y plenitud del adulto pasa por el hecho de amar, de amar cada vez más. En este sentido, ser padre o madre es una oportunidad maravillosa para aumentar en nosotros la capacidad de amar.

El amor que se derrama sobre un hijo desde lo más profundo de sus padres es un fenómeno inmensamente precioso y fundamental de la existencia. Este amor emerge de manera incondicional para nuestro hijo, como el sol que brilla sin cesar. En el fondo de tu corazón, sientes algo que, cuando piensas en tu hijo, dice siempre: «Sí, te quiero». Tu hijo te revela la fuente de amor incondicional que estaba en ti. A medida que descubres esta fuente, te das cuenta de que es algo inherente a tu propio ser, que no depende de tu hijo, y que este ha actuado como revelador, como desencadenante de algo que ya poseías, que te esperaba.

El amor emana de la plenitud que habita en nosotros.

Al convertirte en padre, puedes encontrar el camino del amor incondicional y de la plenitud que está en ti. Toda tu vida puede llenarse de un amor que se irradia hacia tus hijos, pero también, de manera incondicional, a tu alrededor.

¿Qué es la felicidad?

Amar nos hace felices. Cuando entras en contacto con la fuente de amor incondicional que está en ti, conectas, al mismo tiempo, con la felicidad fundamental, estable y duradera que también se encuentra dentro de ti.

Al convertirte en padre, puedes avanzar a grandes pasos hacia esa famosa felicidad que todo el mundo busca y de la que todo el mundo habla, sin saber realmente en qué consiste.

Más allá de los placeres y los disgustos, de las alegrías y las penas, existe sin duda una felicidad profunda y estable que, en realidad, es inherente a nuestro ser. El amor incondicional y la auténtica felicidad son dos facetas de un mismo diamante que brilla en la base de tu propio ser. Tu naturaleza profunda es intrínsecamente feliz e irradia amor.

Si sigues el camino de plenitud que te ofrece la vida de padre, entrarás inevitablemente en contacto con la fuente de amor que está en ti.

Ser papá, un inmenso regalo

Como verás y como has podido ver a través de todo lo que hemos compartido juntos, ser papá es mucho más que cambiar pañales o traer dinero a casa. Es una de las mayores oportunidades que existen para aportar felicidad y amor a tu vida y a la vida de los que te rodean. Tienes la posibilidad de caminar, de manera concreta y a grandes pasos, hacia la profundidad de la Vida, hacia el descubrimiento de la fuente inagotable de amor y felicidad que se esconde en cada uno de nosotros, más allá de las apariencias.

Desempeñando el papel de padre lo mejor posible, haces a tus hijos, pero también a tu pareja y a ti mismo, un regalo inestimable.

Que continúes profundizando en tu visión y tus conocimientos de padre,
Que tu familia crezca en amor y sabiduría,
Que todos los niños del mundo crezcan felices y plenos.